Harry G
mit Tommy Krappweis
Unter Deppen

PIPER

Zu diesem Buch

Mit seinen temperamentvollen Tiraden über Trachtenfasching auf dem Oktoberfest und preußische Invasoren, die es mit der Seilbahn auch in Segelschuhen bis zum Gipfelkreuz schaffen, ist Harry G zum Aushängeschild für den modernen Großstadtcholeriker geworden. Dabei bleibt er immer fair, denn jeder bekommt was ab von seinem beißenden Spott: Ob SUV-motorisierte Chai-Latte-Ladys, Start-Up-Schnösel mit Hipsterbart oder arrogante Aggro-Veganerinnen – Harry G teilt in alle Richtungen aus und verschont auch sich selbst nicht. Doch trotz all dem bayerischen Grant sind seine Geschichten immer voller Liebe für die weiß-blaue Heimat und ein Aufruf zum Artenschutz für Eigenarten, Dialekte und liebgewonnene Klischees. Die große Tradition der bayerischen Grantler von Valentin über Sedlmayr bis Polt hält Harry G stolz aufrecht und wird damit auch jenseits des Mains gehört und verstanden.

Harry G heißt eigentlich Markus Stoll und ist ein waschechter Bayer. Die grantige Kunstfigur hat es mit ihren Clips auf weit über 100 Millionen Views und 500 000 Facebook-Fans vom Internet-Phänomen zu einem der erfolgreichsten Comedy-Acts des Jahres gebracht. Seine Live-Shows sind über die bayerischen Landesgrenzen hinweg ausverkauft – denn Fans des bayrischen Grantlers sowie leidende Exilbayern gibt es einfach überall. Neben seiner Tätigkeit als Comedian ist er als Schauspieler für Film- und Fernsehproduktionen tätig. Sich selbst bezeichnet Markus Stoll als zeitgemäßen Bayern, für den Tradition und Moderne (fast) keine Gegensätze sind.
Informationen und Live-Termine unter www.harry-g.com

Der Ex-RTL-Samstag-Nacht-Comedian und gebürtige Münchner *Tommy Krappweis* erfand zusammen mit Norman Cöster die Grimme-Preis dekorierte Kultfigur Bernd das Brot und produziert mit seiner Firma bumm film GmbH erfolgreiche Film-Formate. Mit ihren biografisch-wahnwitzigen Büchern »Das Vorzelt zur Hölle« und »Sportlerkind« avancierten er und sein Vater Werner Krappweis zu Bestseller-Autoren. Der erste Band von Tommys Fantasytrilogie »Mara und der Feuerbringer« wurde von ihm selbst mit Starbesetzung fürs Kino verfilmt.

Harry G
mit Tommy Krappweis

Unter Deppen

Vom Leben mit den Isarpreißn
und anderen Rindviechern

Mehr über unsere Autoren und Bücher:
www.piper.de

Von Tommy Krappweis liegen im Piper Verlag vor:
Unter Deppen (mit Markus Stoll)
Willkommen im Real Life (mit Florian Mundt)

MIX
Papier aus verantwor-
tungsvollen Quellen
FSC
www.fsc.org   FSC® C083411

Originalausgabe
ISBN 978-3-492-30807-6
1. Auflage Mai 2017
3. Auflage August 2019
© Piper Verlag GmbH, München 2017
Umschlaggestaltung: zero-media.net, München
Umschlagabbildung: Christian Brecheis
Künstlermanagement: Ring of Fire GmbH
Satz: Kösel Media GmbH, Krugzell
Gesetzt aus der Utopia
Druck und Bindung: CPI books GmbH, Leck
Printed in Germany

Inhalt

Servus

Wenn du nicht aus München kommst oder wenigstens aus Bayern bist, dann denkst du bei »Servus« wahrscheinlich, dass wir uns gerade verabschiedet haben. Auf eine gewisse Art und Weise stimmt das auch. Zumindest sind wir jetzt schon ein ganzes Stückl weiter auseinandergerückt.

Das joviale »Du«, mit dem ich dich hier anspreche, ist nämlich weniger freundschaftlich gemeint, als du es vielleicht interpretierst. Direkt geringschätzig oder boshaft ist es aber auch nicht gedacht. Das kommt vielleicht noch …

Ich sag's einmal der Vollständigkeit halber, auch wenn es arg unwahrscheinlich ist: Vielleicht werden wir zwei irgendwann die besten Freunde. Falls du bis zum End von der Geschichte durchhältst und ganz am Schluss sagst »Also der Harry, der is scho a Hund«, dann wär das ein erster Schritt. Oder lass es uns so ausdrücken: Es wäre ein Schritt von dir auf mich zu. Ich steh dann zwar immer noch da, wo ich vorher war, aber ich geh auch nicht gleich weg. Denn grundsätzlich bin ich dir gegenüber leider skeptisch eingestellt. Nicht falsch verstehen, das darfst du mir gegenüber auch sein. Skepsis ist absolut angebracht! Ich find ja sowieso, dass wir generell ein bisserl mehr skeptisch sein sollten, wenn irgendwer grundlos freundlich ist.

Falls du aus dem Rheinland kommst, dann geh ich zum Beispiel gleich mal ein Stückl weiter weg. Nicht zwangsläufig außer Sichtweite, aber zumindest so, dass du mich nicht direkt umarmen und zu deinem Geburtstag einladen kannst, zu dem nur deine allerbesten Freunde kommen.

Merke: Dem Münchner allgemein und mir im Besonderen ist alles zu nah, was den Watschnabstand[1] unterschreitet.

Diese spezielle münchnerische »Armlänge Abstand« hat bei uns eine ganz eigene Bedeutung und gilt ganz allgemein. In der U-Bahn, auf dem Marienplatz, auf der Tanzfläche … ganz egal. Vor allem vom typischen Rheinländer wird dieser Sicherheitsabstand gerne konsequent unterschritten, sodass nicht einmal genug Platz für eine halbwegs fachgerecht durchgeführte Watschn bleibt. Und das halb weiche Schubserle, das man mit angewinkelten Armen grad noch so hinbekommt, ist ganz allgemein unter des Bayern Niveau.

Falls du aus dem Großraum Berlin kommen solltest, gelten natürlich ähnlich liebevoll gepflegte Vorurteile. Da oben war schließlich mal die Preußenhochburg, und irgendwie ist sie da ja immer noch. Das gesamte Preußen-

---

1 Watschnabstand, der: Die maximale Distanz, aus der man sein Gegenüber noch ohrfeigen kann.

tum rund um Kaiser Friedrich und seine ganze Flötisten-
garde ist da oben einst losmarschiert und hat gemeint,
dass wir in Bayern nur drauf warten, im Hohlkreuz zum
Radetzkimarsch im Stechschritt loszustaksen. Nach der
militärischen Huldigung wollten die Damen und Herren
Kommerzienrat natürlich auch noch ländlich charmant
und untertänigst mit einem kühlen Bier und Brezn be-
wirtet werden, während unsere Buben die Stiefel wichs-
ten, bis sie noch mehr glänzten als die vom dauernden
Arschkriechen blank gewienerten Preißnrosetten.

Oberflächlich betrachtet könnte man schon meinen,
dass der Münchner zum Berliner eine Art Seelenver-
wandtschaft spüren müsste, weil wir ja beide als »grantig«
gelten. Der Münchner Grant ist aber schon wirklich was
ganz anderes als die Berliner Schnauze, die ich eigentlich
nur dann ertrage, wenn er selbige hält.

Bei uns gibt's nämlich keine auswendig gelernten
Sprüchlein, die wir jedem Gast so servieren, als wär's uns
gerade eingefallen. In Berlin wird auf »Ich hätt gern ein
Bier« vom Kellner gern mit dem schalen Scherz »Ja, und
ich hätt gern Urlaub!« geantwortet – und das ist halt
nicht gewitzt, sondern verstumpft.

Wir Bayern hingegen lassen uns gern so oft wie möglich neue Beleidigungen einfallen und sind darauf auch
sehr stolz. Einen Widersacher als »ogsoachte Brunzkachel[2]« zu bezeichnen ist zwar nicht charmant, aber
wenigstens ebenso greislig wie kreativ. In Berlin darf ich
mir dafür in jeder Wanzenburg von einer Wirtschaft den
gleichen Kellnerspruch gefühlte hundert Mal anhören.

Außerdem haben wir es nicht so mit dem Kunstver-
ständnis. Für uns heißt »kaputt, kalt und klebrig« nicht

---

2 Brunzkachel, die: Pissoir

automatisch »Kultkneipe«. Und eine Jacke, die 1972 schon scheiße ausgeschaut hat, die schaut halt auch 2017 noch scheiße aus. Nur stinkt sie eben jetzt auch ein bissl mehr, und zwar nach dir und deinem ökologisch einwandfreien, aber sozial kaum verträglichen Verständnis von Personalhygiene. Du schaust halt blöd aus, Bua! Auch, oder grad dann, wenn die Hosenträger unter deinem dekolletierten Männer-T-Shirt raushängen. Nein, der gemeine Berliner hat mit dem gemeinen Münchner gar nix gemein, außer der Spezies Mensch.

Die Einzigen, mit denen wir uns im Großen und Ganzen gut verstehen, sind die Menschen aus dem Norden. Die sagen nix, wir sagen nix, und gemeinsam haben wir dann dieses stillschweigende Abkommen, dass wir halt allesamt nix sagen – und dann verstehen wir uns schon einmal ganz basisch.

Natürlich zählen auch die Schwaben und Franken theoretisch zu Bayern, aber erstens sind sie damit noch lang keine Münchner, und zweitens kannst du ja gern einmal jemanden in Nürnberg oder Memmingen fragen, wie bayerisch er sich fühlt. Dann duckst dich aber am besten direkt weg, weil sich dann entweder ein paar Rostbratwürschtl oder ein Kehrblech auf Kollisionskurs mit deinem naiven Grinsen befinden. Und beides ist auf seine Art unerfreulich beim Aufprall: die Würschtl wegen dem Senf, das Kehrblech wegen der scharfen Kanten.

Ich könnt mich jetzt den ganzen Rest von dem Bücherl über die anderen Bundesländer auslassen, aber erstens wird das Buch dann zu dick und somit kein Taschenbuch im eigentlichen Sinne, und zweitens wollt ich ja nur eine

Art Begrüßung formulieren, die gleich am Anfang einen Eindruck davon vermittelt, wie es auf den restlichen Seiten zugeht.

Eigentlich will ich nämlich im Folgenden anhand von ein paar ausgewählten Episoden aus meinem Leben erzählen, warum der Harry G so ist, wie er ist, warum das manchmal ganz gut so ist und manchmal … na ja. Denn natürlich weiß ich, dass es nicht nur auf den ersten Blick ein bissl arg kontraproduktiv ist, im Sinne der Ziele, die man sich so setzt, wenn man immer gleich losbellt. Weil ich aber nun nicht dem Depp sein Wurschtbrot bin, hab ich da natürlich auch was draus gelernt – wenn auch nicht unbedingt immer das, was man sich vielleicht wünscht, wenn man mir auf der Wiesn zum »Fliegerlied« in mein Hendl neisteigt.

Und wer weiß, vielleicht hält der hier erläuterte Münchner Grant ja den einen oder anderen endgültig davon ab, mitsamt seinem Düsseldorfer Audi TT Cabrio nach München zu ziehen. Oder ich kann ein Stückl dazu beitragen, die Münchner Volksseele besser zu verstehen. Beides wäre durchaus im Sinne des Verfassers. Erstes auf direktem Wege, Zweites eher indirekt, aber umso nachhaltiger.

In diesem Buch weht nämlich streckenweise ein harter Wind vom Süden rauf. Und wer da im falschen Moment die Segel setzt, der ist gleich wieder oben an der Ostsee. Da soll es auch schön sein, hab ich von diversen Ossis gehört. Gebetsmühlenartig. Und so was ist mir immer gleich suspekt.

Na gut, jetzt hab ich es also gleich am Anfang von meinem Buch mit allen verschissen, die nicht aus München sind. Vom Gefühl her hab ich jetzt aber auch gleich noch die mitvergrault, die zwar in München wohnen, aber sich hier noch nicht wirklich heimisch fühlen, weil sie an uns Münchnern regelmäßig verzweifeln.

Denn dummerweise ist München halt doch so brutal schön, dass selbst die, die seit zehn Jahren täglich mehrfach über die Münchner schimpfen, trotzdem nicht wieder wegziehen! Es ist zum wahnsinnig werden, ohne Schmarrn! Wir wissen ja schon gar nicht mehr, was wir noch machen sollen, damit sie sich endlich wieder schleichen, die »Isarpreißn«! Egal, wie bissig, maulfaul und gschert wir auch sind, wir bringen sie einfach nicht los. Ignorieren wird als Lokalkolorit akzeptiert, ebenso der Münchner Grant. Aggressivität ist auch nicht unser Style und in Berlin besser aufgehoben, subtiler Spott wird nicht bemerkt, weil zu subtil für die Preißnseele, beißender Spott wird als Humor missverstanden – und die sachliche Auseinandersetzung ist wiederum dem Münchner fremd, weil er generell kein Interesse daran hat, irgendwen von irgendwas zu überzeugen, sondern einfach nur »sei Ruah« haben mag.

Fassen wir dieses Dilemma mal so zusammen: Es bleibt schwierig, wenn man ein Münchner ist. Nicht nur, aber auch als Münchner unter Münchnern. Und ganz besonders, wenn dieser Münchner ich ist. Das war zwar grammatikalisch gewagt, aber noch lange nicht das Schlimmste, was Sie in diesem Buch erwartet.

Haben Sie es gemerkt? Wir sind jetzt wieder beim »Sie« angekommen. Und das ist in der Tat ein erster Schritt in die richtige Richtung. Denn das bedeutet, dass Sie dieses erste Kapitel durchschritten und sich damit meinen Respekt erarbeitet haben. Das »Sie« ist dem »Du« in

München nämlich erst einmal generell überlegen. Wenn wir am Ende von dem Buch dann beide der Meinung sind, dass wir wieder zum »Du« übergehen wollen, dann wird das vielleicht was mit uns zwoa. Und wir könnten irgendwann einen gemeinsamen Biergartenbesuch in Erwägung ziehen. Im allerbesten Fall sogar am selben Tisch.

◆ ∞ ◆

Viel Spaß wünsch ich allen, die noch da sind.
   Und allen anderen sag ich: Servus!

Der Arno

Ich hab einen Freund, der kommt aus Hannover und heißt Arno Brüggemann. Für beides kann er nix, und ich halt's ihm auch nicht mehr laufend vor, denn wir kennen uns jetzt schon seit ein paar Jahren. Damals bin ich im Zug aus Frankfurt gesessen und wurde durch das unselige Wort »Schienenersatzverkehr« aus dem Schlaf gerissen. Mit mir im Abteil saß eine ganze Truppe munterer Büromenschen, vor denen ich mich jetzt nicht mehr so einfach hab totstellen können.

Jedes Teambuilding-Seminar ist ein Scheißdreck gegen zwei gemeinsame Stunden im unklimatisierten ICE auf offener Strecke und vier weiteren im Vierersitz eines umgewidmeten Schulbusses, der die Sparpreis-Kundschaft durch die Pampa zum Zielbahnhof fährt. So was übersteht man deutlich besser, wenn es da jemanden gibt, den man ab und zu stumm anschauen kann, wenn die Frau Meyerings von Platz 23 immer lauter wird und nach dem dritten Bier aus dem Bordbistro anfängt, sich reihum auf den Schoß zu setzen. Den Arno und mich hat das schon zusammengeschweißt. Danach weiß man: Des mit uns, des kannt wos wean.

Das ist so ähnlich, wie wenn Sie mit Ihrer neuen Freundin das erste Mal bei IKEA waren und danach trotzdem noch zusammen sein wollen. Wenn man das übersteht, dann kann man eigentlich auch eine gemeinsame Wohnung suchen.

Also seit dieser Zugfahrt vor zehn Jahren kenn ich den Arno, und ich muss sagen, so langsam halten wir's miteinander aus.

Wir wären bestimmt noch besser befreundet, wenn er nicht vor fünf Jahren nach München gezogen wäre. Dass ich jetzt meinen eigenen Isarpreißn kriegen sollte, das hat mich schon arg belastet. Denn natürlich wollt er sofort von mir wissen, wo in meiner Stadt die schönen, unentdeckten Ecken zum bavarisch-urbanen Komfortwohnen sind. Die tät ich aber eigentlich gern für mich behalten, diese unentdeckten Ecken.

»Sach mal, Herbie ...«, hat er gesagt, der Arno – er nennt mich immer Herbie, seit ich ihn einmal in einem VW Käfer abgeholt hab, und irgendwann wird er dafür schrecklich leiden –, also er fragt mich: »Sach mal, Herbie, du hast doch da bestimmt so'n heißen Tipp als Ureinwohner. Wo in München ist es denn richtig schnuckelig, aber trotzdem nicht so weit nach Unterföhring?« Und nach Ufö wird er jeden Tag müssen, weil er dort für einen großen deutschen Privatsender in der Rechtsabteilung anfangen soll. Nach der Information hätt ich es schon fast wieder bleiben lassen, denn allein beim Gedanken an diesen siebten Kreis der Medienhölle brennt mir der Hut. Aber ich muss ja an meinem Anger-Management arbeiten, also bleiben wir erst mal beim Arno.

Mei, was soll ich sagen, ich hab mir dann halt gedacht, besser es ist der Arno, der hierherzieht, als noch ein weiterer Segeltuchschuh-Schleicher mit aufgestelltem Poloshirt-Kragen und Leasing-Cabrio.

Also wohnt er jetzt halt in Gottesnamen auf der Theresienhöhe oberhalb der gleichnamigen, sattsam bekannten Wiese, auf der einmal im Jahr mit dem Oktoberfest auch der Worldcup im Wettkotzen stattfindet.

Die Theresienhöhe ist einer von diesen Stadtteilen, die seit Ewigkeiten als »Boomviertel« betitelt werden, damit sich die neu hochgezogenen Legebatterien da droben noch teurer verkaufen lassen. In Wirklichkeit verlieren sich da jetzt halt ein paar Beton/Glas/Stahl-Wohnblocks zwischen den Zweckbauten aus den Fünfzigern mit ihren Dönerbuden und CallYa-Shops, und das einzig typisch Münchnerische da oben ist der achtspurige Mittlere Ring über die Donnersberger Brücke.

Früher gab's da wenigstens noch den »Zuladiknö auf der Theresienhöh«, also den **Zula**ssungs**d**ienst **Knö**sel, der jeden Münchner wegen seiner jahrzehntelangen und täglich mehrfach penetrant aufgespielten Radiowerbung dermaßen zur wild wogenden Weißglut getrieben hat, dass man dann extra nicht hingefahren ist.

Jetzt hat der Herr Knösel vor einiger Zeit den Laden dichtgemacht, und was soll ich sagen, nun tut's mir fast leid. Wenigstens soll aber der Texter und Komponist von diesem sakrischen Ohrwurm irgendwann in der Höll drunten sein ganz eigenes Abteil bekommen, wo er auf immer und ewiglich auf sein neues Nummernschild warten und dabei den eigenen Jingle über die kaputten Boxen eines voll aufgedrehten Autoradios in Dauerschleife ertragen darf.

♦ ∞ ♦

So, jetzt sind wir wieder abgeschweift, aber ich kann Sie beruhigen: Es wird nicht das letzte Mal passiert sein in diesem Buch. Auf jeden Fall war die Theresienhöhe auch ohne den Zuladiknö nicht ganz so »schnuckelig«, wie der Arno sich das alles ausgemalt hat, aber ich hab ihm eben erklärt, dass Fachwerk seit dem Krieg leider schwer zu bekommen ist und dass er froh sein kann, wenn er in München sechzig Quadratmeter findet, die man mit einem Monatsgehalt von unter zehntausend Euro grad noch so bezahlen kann.

Und so wohnt er jetzt also weit genug von mir weg, dass wir uns nicht dauernd über den Weg laufen, aber er ist auch nicht so arg aus der Welt, dass man sich immer noch halb spontan auf eine Maß im Biergarten verabreden kann. Also genau richtig für mich.

Für den Arno allerdings ist das tatsächlich entschieden zu wenig Kontakt, und ich hab ihn da von der Erwartung her am Anfang schon sehr deutlich runterfahren müssen. Schon am Mittag hatte ich ihn als SMS auf dem Handy: »Herbie, wie schaugt es aus!?!?!?!?!«, tippte er da im typisch anbiedernden Mimikry-Bayerisch des Zuagroasten, was bei mir natürlich sofort eine Abwehrhaltung erzeugte. Außerdem lass ich mich auch per SMS nicht gern anplärren.

»AGSCHISIS«, hab ich ihm dann eben geantwortet, wohl wissend, dass er das auch mit dem Google Translator nicht übersetzt bekommt. Denn AGSCHISIS ist nicht der Name einer ägyptischen Gottheit oder ein ungelenkes Akronym für Probleme mit dem Ischiasnerv.

Ich hätte natürlich auch etwas weniger kryptisch schreiben können: »A Gschis is.« Aber das wäre zu einfach gewesen. Denn vor die Erkenntnis haben die Götter den Fleiß gesetzt, und ich wollt ja schon, dass der Arno erst einmal grübelt, dann in seiner Abteilung rumfragt, dort aber von den anderen Zuagroastn keine Antwort bekommt und schließlich zugeben muss, dass er nach wie vor nicht genug Münchner ist, um die simple SMS eines gebürtigen Münchners dechiffrieren zu können.

Überhaupt hab ich gleich nach seiner Ankunft in München damit begonnen, Arnos passives Sprachverständnis zu trainieren, indem ich besonders gschert dahergeredet hab. Ich bin natürlich auch der Schriftsprache mächtig, fühl mich dabei aber immer wie beim mündlichen Abitur. Also red ich in 99 Prozent der Fälle eben so, wie man's früher zwischen Ramersdorf und Hasenbergl in der Volksschul gelernt hat, da muss der Arno durch – den Unterschied zwischen »als« und »wie« kennt er schließlich selber …

Aber für Sie lös ich das Rätsel um meine SMS jetzt natürlich auf: Ein Gschis – gesprochen mit einem langen »i«, als stünde da ein »ie«, was da aber trotzdem nicht hingehört – ist ausgeschrieben sozusagen ein »Geschiss«, also hochdeutsch genau genommen »das Geschissene« oder kürzer »ein Scheiß«. Zusammen mit dem »A« vorne und dem »is« hinten wird aus AGSCHISIS also »einen Scheiß ist«.

Der Lesbarkeit halber und weil manche von Ihnen ja vermutlich des bayerischen Idioms mächtig sind, hab ich in diesem Buch weitere Auflösungen dieser Art in Fußnoten gepackt. Die können Sie dann lesen oder lassen, ganz wiasaswoin[3].

So könnte man meine Antwort also übersetzen mit

---

3 Wiasaswoin: Besteht eigentlich aus drei Wörtern, wird aber so gesprochen, dass aus dem »Wie Sie wollen« (Wias as woin) phonetisch betrachtet ein Wort wird, auch wenn es eigentlich keins ist.

»Ach Arno, mein guter Freund, es ist ein Jammer, aber ich fürchte, das wird heut Abend mal wieder nichts mit uns zwei Pastorentöchtern.«

Nach einer halben Stunde kommt dann also vom Arno als Antwort auf meine Antwort: »witzig herbie, wie immer, aber wollte wissen, was heut abend geht. wo steppt die luzie!?!?!?!?«

Mein erster Impuls war natürlich irgendwas in der Richtung »Hier gibt es keinen Herbie, wer sind Sie und was wollen Sie?«, aber das wär zu billig gewesen und außerdem ohne Lokalkolorit. Etwas *Original Münchnerisches*™ muss aber in so eine Replik hinein, denn ich muss ihm ja die absolute Abwesenheit alles Münchnerischen in seinem gesamten Gebaren vor Augen führen. Möglichst in jedem einzelnen Buchstaben.

Also tippte ich: »Braugstfrogn[4]!? Mir segn uns um hoiwe achte!«

Nun war natürlich davon auszugehen, dass der Arno mich ja deswegen gefragt hat, »wo die Luzie steppt«, weil er eben nicht weiß, wo genau sie das heute Abend tut. Durch meine Antwort hatte ich aber deutlich gemacht, dass MIR als Einheimischem natürlich völlig klar ist, wo man an einem frühen Mittwochabend in München gefälligst hinzugehen hat. Nur ER weiß es natürlich nicht, und wenn er das nach immerhin drei Tagen als frischgebackener Zuagroasda immer noch nicht herausgefunden hat, dann ist ihm ehrlich gesagt auch nicht zu helfen.

Zu meiner Überraschung machte es nur wenige Sekunden nach meiner Replik »blingbling«, und ich las seine

---

4 Braugsfrogn: »Brauchst (musst du da) frogn (noch fragen)?« Abermals eigentlich kein eigenes Wort, aber mei …

Antwort: »alles klar, halb acht, wir gehen steil freu mich!!!!!! hdl arno«

Ich geb zu, da war ich jetzt doch ein bissl überrascht. Meinem frischgebackenen Privatpreißn war also jetzt wirklich direkt klar gewesen, wo man sich als echter Münchner am Mittwoch um halb acht gefälligst einzufinden hat? Und mir nicht?

Ich hatte dann doch etwas länger auf das Display geschaut und damit auch noch die kostbare Zeit vertan, um eine schnelle SMS rauszufeuern. Damit hatte ich so gut wie verloren. Wissen Sie, was ich meine? Nein? Also gut: Es gibt bei SMS so eine Zeitspanne von vielleicht 90 Sekunden, in der man fix und unkompliziert Missverständnisse aufklären kann oder eine Antwort abfeuern kann, die in einen halbwegs originellen Gag verpackt ist, ohne das Gesicht zu verlieren. Je länger Sie aber warten, desto höher die Erwartungshaltung Ihres Gegenübers, und desto gewichtiger, witziger oder sonst wie gscheit geiler muss der Inhalt der Nachricht sein.

Mich hatte der Text vom Arno aber tatsächlich mehr verstört, als ich zugeben wollte, und ich war für den Moment wie gelähmt. Wieso hatte er nicht noch einmal nachgefragt? Was war ihm da klar, was mir schleierhaft war? Jetzt einmal ganz ohne Schmarrn bitte, wo geht man denn hin am Mittwochabend?

Plötzlich durchzuckte mich ein Gedanke wie ein kreuzweiser Goaßlschnalzer quer über mein damisches Gfries[5]: Der Arno meint doch bittschön nicht dieses affige After-Work-Gschmoaß im Pacha?

---

5 Goaßlschnalzer, der; Gfries, das: Alpenländischer Brauch, bei dem junge Männer riesige Peitschen schwingen, die sie besser nicht ins Gfries (Gesicht) bekommen sollten, sonst gibt's a Gschroa!

Kaum hatte sich der Verdacht in meinem Hirn verfestigt, war mir auch schon klar, dass es nur das Pacha sein konnte. Was denn sonst? Denn natürlich hatte der Arno abermals die anderen Poloshirts in seinem Großraumgehege konsultiert, und was hatten die wohl alle geschlossen geantwortet? Genau: »Mittwoch geht man zum After Work im Pacha. Place to be, Arno. Ich mein, seriously, what else?«

Und, ich mein ernsthaft, was hätten Sie jetzt getan? Einfach ignorieren und zulassen, dass dein eigener brandneuer Isarpreiß nichts ahnend da hinwatschelt und sofort von den ganz, ganz, ganz Falschen vereinnahmt wird? Der ist doch total naiv, der arme Kerl, und auf der Suche nach Anschluss! Klar wird er den da finden, denn diese After-Work-After schauen ja auch alle genauso aus und sprechen genauso wie er, und mindestens ein Drittel davon geht ja auch nur da hin, weil sie verzweifelt auf der Suche nach Menschen sind, die sie nicht mit dem Arsch nicht anschauen. Vielleicht heißt das auch deswegen After Work, weil es für Leute ist, die sich den ganzen Tag über an unseren kalten Ärschen abarbeiten und dann wenigstens am Abend unter ihresgleichen sein wollen, ohne dauernd konsequent (und völlig zu Recht) auf ihre Andersartigkeit und Nichtzugehörigkeit hingewiesen zu werden?

Und so viel bedeutete mir die seit Jahren zart knospende Freundschaft zum Arno dann doch, dass ich ihn vor diesem drohenden Jammertal bewahren musste. Es half kein Schrecken und kein Dräuen, ich hatte keine Wahl: Ich würde zur After-Work-Party ins Pacha gehen und den Arno dort herausholen müssen. Ein folgenschwerer Entschluss, der sich noch ein ganzes Stückl heldenhafter herausstellen würde, als ursprünglich befürchtet …

In da Höll ...

Karl Valentin, Münchner Komiker von Weltruhm und gewichtiges Nationalheiligtum von trauriger Gestalt, hat einmal einen Radiobericht live aus der Hölle übertragen. Auf »Wellenlänge fünfundsiebzig Trillionen« erzählt er als »Der Meier, den der Deifi g'holt hat« davon, dass es ihm eigentlich dort unten ganz gut gefiele, es wären ihm nur zu viele Deifl da herunten.

Auf diese Art kann man das Pacha eigentlich auch treffend beschreiben. Es tät einem in dem Laden ganz gut gefallen, wenn nur die Leut nicht wären.

Man sagt ja gern »Die Mischung machts« und meint damit, dass zu viel von etwas niemals gut sein kann. Das stimmt aber in diesem Fall wirklich gar nicht, denn hier ist gerade die Mischung das, was einem sofort zu viel wird.

Zwei Sparkassenlehrlinge stehen im Discounteranzug herum und halten sich an ihren Hugos fest – womit nur so lang das Getränk gemeint ist, bis sich die erste leicht bekleidete Dame an exponierter Stelle unter dem Discokugelhimmel räkelt.

Eine Gruppe Agenturdeppen lungert auf der Lounge-

Terrasse als hipper Haufen herum, und die Kreativität ist schon aus mehreren Metern Entfernung zu spüren. Man kann sich schwer entscheiden, was mehr nervt: Ist es die aufgesetzte Lautheit der coolen Sprüche oder die sprechende Coolness der lauten Aufgesetztheit? Zwei von fünf Agenturdeppen tragen natürlich beige Brillen mit Fensterglas, weil sie sich der Illusion hingeben, dass man Leuten mit Brillen nicht ins Gesicht schlägt.

Bei den Damen gibt's entweder die Supermaus mit ihrer Kammerzofe, die immer dabei sein muss, damit die Supermaus noch mausiger sein kann, oder diese Gruppe von Proseddschio-Schlampen, die sich immer als zusammenhängende amorphe Masse durch den Laden bewegt.

Diese Dumpfmamsels bewegen sich wie ein einziger Organismus aus bunten Fingernägeln, gefärbten Haaren und Pimkie-Sale-Polyester gemeinsam auf die Tanzfläche, gemeinsam aufs Klo, gemeinsam zur Bar ... und man weiß immer ganz genau, wann sie sich wieder in Bewegung setzen, denn ihre Anführerin – meistens die in dem weißen Schlauchkleid – hebt kurz vorher einen Arm und zeigt zur Decke wie der John Travolta. Dann brüllt sie irgendeinen genialen Geistesblitz in die Umgebung, wie zum Beispiel: »Proseddschioooo!« Natürlich kreischt das Gefolge sofort begeistert los, und der Mob setzt sich in Bewegung Richtung Bar. Wehe dem, der ihren Weg kreuzt. Die Mixtur aus zu viel Parfum, zu wenig Deo und so viel Haarspray, dass das Treibhausgas einen ganzen Gletscher vernichtet, steht länger im Raum als der brutalste Radischoas[6].

---

6 Schoas, der: Ein Furz, in der Version als »Radischoas« besonders nachhaltig, weil vom Rettich kommend.

Noch Wochen später hustet man diese rosa glitzernden Nanopartikel hoch, mit denen sich die Mehrheit dieser Madlmutanten die Lätschn gepudert hat. Und das alles, weil man in dieser Klitschn ganz vielleicht mal einen Blick auf den Boris Becker oder andere prominente Wahlmünchner erhaschen könnte, die sich in der Realität aber deutlich rarer machen, als das Image des Pacha das vielleicht ganz gern vermittelt hätt. Zumindest reicht das Image aus, dass man sich selber so ein ganz kleines bissl restprominent fühlt und am nächsten Tag im Büro erzählen kann, dass sich irgendein saubekannter Fußballer an der Bar ein paar Lattenknaller in den Schädel geschmettert hat.

Nun ist es in München so: Sie dürfen ja grundsätzlich erst einmal alles machen, uns Münchnern is des wurscht. Nur dürfen Sie halt nicht davon ausgehen, dass wir das dann auch gut finden oder gar dabei sein wollen. Weil es ist nämlich so: Mia meng ned miassn, mia meng meng.[7]

Es gibt noch so viel Furchtbares aus der Pacha-Hölle zu erzählen, aber eigentlich wollt ich ja von meiner Rettungsmission berichten. Und damit ich nicht wieder als der Alles-scheiße-Finder dasteh, sei gesagt: Natürlich gehen auch vernünftige Leut ins Pacha. Aber die kommen immer erst, wenn alle Gäste weg sind, zum Saubermachen.

Ich musste da aber leider nun mal zu den Öffnungszeiten rein. Direkt nach der Arbeit zum »Juke & Joy Clubbing @Pacha & 089 Bar«, um den mir vom Schicksal anvertrauten Isarpreißn Arno zu retten vor ew'ger Verdammnis.

---

7 Wir wollen nicht müssen, wir wollen wollen.

Die erste Hürde direkt am Eingang war natürlich der Türsteher. Ja, auch kurz nach Betthupferl um 18 Uhr 30 wird da schon selektiert. Zwar nicht so rigoros vielleicht, wie wenn die Boazn[8] voll ist, aber so ein Türsteher symbolisiert natürlich auch einen gewissen Anspruch an das Klientel.

Einige Münchner Clubs gelten ja zumindest im nationalen Vergleich als die Läden mit der »härtesten Tür«. Und vor so einer stand ich jetzt beziehungsweise eben vor dem Türsteher. Meine Strategie ist ja immer: wenig Augenkontakt, viel Selbstverständnis, einfach durch. Meistens funktioniert das auch ganz gut. Leider ausgerechnet diesmal nicht.

Der Lackl[9] schob mich mit der flachen Hand auf der Brust einen halben Meter zurück. »Guten Abend, was haben wir es denn so eilig?«, sagte er sehr höflich und gönnte mir sogar ein halbes Lächeln.

»Ich muss da nur rein, um jemanden zu retten«, erklärte ich brav. »Wenn er schon drin ist, sind wir in ein paar Minuten wieder draußen.«

»Retten?«, fragte er streng. »Gibt's ein Problem?«

»Ja freilich gibt's ein Problem!«, rief ich wahrheitsgemäß. »Wenn ich meinen Isarpreißn da nicht bald raushol, dann wird er von den falschen Leuten assimiliert und ist verloren für die vernunftbegabte Minderheit.«

»Aha …«, machte der Lackl zu mir hinunter und seufzte: »Also ich glaube, du suchst dir heute Abend lieber einen anderen Club.«

»Das tät ich ja wirklich gern, ohne Schmarrn«, erklärte

---

8 Boazn, die: Recht abfällige Beschreibung für eine Kneipe, die vorrangig dem Konsum von Alkohol dient.
9 Lackl, der: Ein auffällig großer, mitunter auch kräftiger Mann.

ich. »Aber mein Schutzbefohlener hat sich ausgerechnet eure Depperldisco rausgesucht. Also bitte lass mich rein, ich bin auch gleich wieder weg und komm nie wieder, versprochen. Ich bin ja sogar jetzt kaum wirklich da. Umgodswuin, wenn mich jemand sieht!« Das war mir tatsächlich erst jetzt eingefallen, und unter dem verwunderten Blick des Türstehers klappte ich die Kapuze meiner Jacke hoch und zog sie mir so tief ins Gesicht wie der Imperator persönlich.

»Also mit Kapuze geht hier sowieso nichts, und außerdem wollen wir in Ruhe feiern. Komm, mach dich fort und bereite uns keinen Ärger, hinter dir warten noch Leute.«

Ich drehte mich herum: »Oh mei, ja, ihr kriegt schon gleich euren Wodka Bull, bitte bewahren Sie Ruhe!«

Da legte mir der Türsteher seine Bärentatze auf die Schulter: »So, das reicht jetzt. Ciao.«

»Du verstehst mi ned!«, rief ich verzweifelt: »Mein Isarpreiß wead versaut! Schau dir doch die Leut in deiner Schlange an! Die Out-of-Bed-Bachratzn[10], die Fructis-Style-Flitschen[11] und d…«

Zur dritten Beleidigung kam ich nicht mehr, was schade war, denn die wär die lustigste gewesen. Stattdessen wurde ich vom Türsteher-Bazi so hermetisch umarmt, dass es fast schon rabiat war, und wurde an den wartenden Leuten vorbei runter auf das Trottoir geleitet.

»So, schau, da vorn ist der Stachus, da kannst du dich in dem Springbrunnen ein bisschen abkühlen.« Sagte der Türstandler doch glatt, klopfte mir so freundlich auf die Schulter, dass ich einen Hustenanfall kriegte und

---

10 Bachratz, der: Flussratte, eine ungepflegte Person
11 Flitschen, die: Flittchen

tatsächlich ein paar Schritte Richtung Stachus stolpern musste.

Dabei rutschte mir doch glatt die scheiß Kapuzn über die Augen, und ich rannte in irgendeinen Dimpfl rein, der sofort losplärrte: »Hey, können Sie nicht aufpassen, Sie Rüpel!?«

Da kam er bei mir grad an den Richtigen, denn ich war, vorsichtig gesagt, jetzt nicht sooo arg gut gelaunt.

»Geh, schiab di auf'd Seitn, Doagaff, damischer!«[12]

Und weil ich mir sicher war, dass der Doagaff meinem wohlmeinenden Vorschlag, den Weg frei zu machen, nicht unmittelbar Folge leisten würde, half ich mit meiner Rechten ganz vorsichtig nach, während ich mit der Linken die Kapuze aus den Augen schob.

Vor mir stand niemand. Aber unter mir schlug etwas recht geräuschvoll auf dem Beton auf. Anscheinend hatte ich meiner rundherum freundschaftlichen Form der Bewegungsunterstützung wohl etwas zu viel kinetischen Esprit mitgegeben. Vor mir lag ein Mann und krümmte sich keuchend um seinen Solarplexus herum. Erst als er seinen hochroten Kopf hob, erkannte ich in ihm meinen Schutzbefohlenen, den Arno!

Bevor er mich allerdings identifizieren konnte, hatte ich die Kapuze schon wieder über mein Gesicht gezogen und war unter Einsatz meiner gesammelten schauspielerischen Fähigkeiten weiter den Gehsteig entlanggetorkelt, als hätt ich in den ersten fünf Minuten der After-Work-Party gleich zwanzig Schnapserl geext und wär jetzt schon auf dem Nachhauseweg.

Doch da hatte ich die Rechnung wohl ohne die schnei-

---

12 Doagaff, der: Wörtlich »Teig-Affe«, ein teigiger Mensch im Sinne von lahmarschiger Mensch. Damisch: Ungeschickt

digen Begleiter vom Arno gemacht. »Hey, bleiben Sie sofort stehen! Das ist Körperverletzung, Sie Kretin!«

»Hoits Mei, du Saupreiß!«, lallte ich möglichst gschert über die Schulter und beschleunigte meinen Schritt gerade so, dass ich noch alkoholisiert rüberkam. Ich hatte mich mit voller Absicht für eine möglichst unkreative Antwort entschieden, denn ich hielt es immerhin für möglich, dass der Arno trotz akuter Atemnot meine Stimme erkannte. Einen so banalen Spruch aber hätt er von seinem kreativen Freund Harry natürlich niemals erwartet.

»Herbie!?«, hörte ich da Arnos verwunderte Stimme. Na ja, so blöd war er dann doch nicht. Jetzt bekam ich eine Panik. Das Einzige, was mir in der Hektik einfiel, war, direkt auf die Straße zu tappen. Durch den regen Verkehr würde mir ganz sicher keiner der Preißn folgen.

Also hob ich beide Arme, um den Autofahrern zu signalisieren, dass sich tatsächlich mitten auf der Straße vor ihnen jemand materialisiert hatte, der es wert war, nicht überfahren zu werden, und …

Mein nächster Eindruck war grünlich. Als ich es schaffte, meine Umgebung zu fokussieren, sah ich zuerst eine grün gestrichene Zimmerdecke mit einer Neonröhre über mir. Dann schob sich Arnos Gesicht in mein Blickfeld. Sein Mund sagte irgendwas, aber irgendwie war da zu viel Hall auf seiner Stimme.

Irgendwie fand ich das angenehm, und ich weiß noch, dass ich mir überlegte, ob man das vielleicht nicht nur beim Arno, sondern auch bei allen anderen Menschen installieren könnte. Man sah, dass er sprach, man hörte auch ein bissl was, aber insgesamt war es verwaschen genug, dass ich kein Wort verstehen musste. Und wenn man nix versteht, dann muss man sich auch nicht aufregen, und wenn man sich nicht aufregt, dann muss man auch nix sagen. Perfekt.

Ich lag im Rechts der Isar, und man hatte mir einen doppelten Oberschenkelbruch operiert. Der Arno war die ganze Zeit über nicht von meiner Seite gewichen. Liab is er scho, mei Isarpreiß!

Krankenhaus

Mit dem Gips von der Hüfte bis über das Knie sah ich aus, als hätt mich der Ausstatter vom Charlie Chaplin verarztet.

Als sich dann der Herr Doktor doch auch einmal in mein Zimmer verirrte, fragte ich ihn sofort, was es mit dieser Parodie von einem Gipsbein auf sich hatte.

»Dit isset, wat Sie bekommen als Kassenpatient«, antwortete der in breitester Berliner Schnauze. »Da könn wia nüscht füa, müssen Se mal mit Ihra Versicherung parlieren.«

»Da stimmt aber irgendwas nicht …«, entgegnete ich matt durch den Nebel der abklingenden Narkose: »Schauns … ich bin doch auch dingsversichert … und hab zusätzlich zu meiner gesi… gesetzlichen Versicherung auch Zusatzversetzlichungen abgesichert …«

»Na wenn Se Zusatzversetzlichungen haben, dann müsste dit aba ooch in Ihrem Kärtchen drinnestehn, und da is wohl nüscht. Also konnt ick Ihnen keene Comfort-Plus-Schiene an Ihren Schenkel schmeicheln, sondern nur dit Weltkriegsjetüm aus Kinderjarten-Gips, und Sie ham ooch keen Einzelzimmer, sondern Landschulheim.

Klären Sie det jerne mit Ihrer Versicherung, denn reißen wia dat Modell runter, schieben Sie rüber in die erste Klasse, und en Küssjen jibbet oben drauf. Juten Tach.«

Zerschmettert ließ ich mich zurück in die Kissen fallen, denn ich war tatsächlich zu müd zum Streiten. Und das, liebe Leut, das machte mir tatsächlich Angst. Denn auf eins konnte ich mich nämlich schon als Kind verlassen: auf meinen bayerischen Furor![13]

Der Furor bewahrte und beschützte mich von klein auf vor Ungerechtigkeit, Zurücksetzung, Dummheit Dritter und anderen Unabwendbarkeiten des Lebens. Ich war niemals wehrlos, nie dem Schicksal ausgeliefert, und es gab immer einen Ausweg. »Obacht! Der Harry regt sich wieder auf«, hieß es immer, und sofort wurde rund um mich herum Platz gemacht, meine Eltern schoben sofort alle anderen Leute aus dem Bannkreis, Familienmitglieder sprangen in Deckung, Fußlahme gewannen neue Virilität, der Verkehr wurde spontan umgeleitet und die Flugrouten angepasst. In der Mitte stand ich, im Herzen eine tief empfundene Zufriedenheit, dass das alles wegen mir geschah.

Dann sah es so aus, als würde der Furor sich herauswachsen. In der Grundschule flackerte es nur gelegentlich auf, wenn ich irgendwas als himmelschreiende Ungerechtigkeit empfand. Zu meiner Ehrenrettung muss ich dringend hinzufügen, dass dieses Empfinden nicht auf mich selbst beschränkt war. Auch wenn andere unter Ungerechtigkeit zu leiden hatten und ich davon Wind bekam, war ich sofort zur Stelle, bereit, mich mit hoch-

---

13 Furor, der: lat. furor, »Wut« oder auch »Raserei«, durchaus als typisch bayerisch bzw. münchnerisch empfunden und mit dem »Münchner im Himmel« und dem Zitat »Luia, sog i!« über die Landesgrenzen hinaus bekannt geworden.

rotem Kopf in den Kampf zu stürzen. In der Pubertät wurde es dann aber richtig ungemütlich – für mich ebenso wie für alle rundherum –, denn plötzlich gab es SO VIEL, WORÜBER MAN SICH ÄRGERN MUSS!

An die Jahre 12 bis 16 erinnere ich mich nur durch einen blutrot verwaschenen Schleier aus Wut, Frust, Kampf und Protest gegen alles und jeden immer und überhaupt.

Ganz egal, ob Eltern, Lehrer, depperte Mitschüler oder Weltpolitik: Mir hat's immer sofort und ohne Vorwarnung den Schalter nausghaut, es hat sauber gerummst, und die Kollateralschäden waren mitunter dramatisch. Meine Eltern haben das schriftlich, wegen der Abrechnungen vom Technischen Hilfswerk.

Und jetzt, gerade jetzt, wo der Preißndoktor so einen Landsergips auf meine Schenkel gepatscht hat und mir dann noch seine Berliner Schnauze entgegenhält – so nah, dass ich sie ihm mit wenigen Handgriffen spontan umformen könnt –, jetzt lässt mich der Furor im Stich!

Ja freilich, hab ich mir gedacht, Furor, du bist ja der Allerletzte, auf solche Freunde kann ich verzichten, ohne Schmarrn! Beim Türsteher vorm Pacha sorgst du dafür, dass ich alles versau und mir gleich noch ein paar Kotflügel zur Krankenhausreife einfang, aber jetzt, wo's drum geht, dass ich mich verteidigen müsste? Da lässt du mich allein!

Gerade so hab ich es noch geschafft, den Finger zum Einspruch zu erheben, aber da sackte der Unterarm auch schon aufs Bett, und ich spürte, wie mir die Augen zufielen …

Da schnitt plötzlich die schnarrend wütende Stimme vom Arno quer durch den Raum, und ich riss meine Augen wieder auf. »Einen Moment bitte, Herr Doktor.

Brüggemann mein Name, ich bin in der Rechtsabteilung eines großen Privatsenders tätig, der nichts lieber tut, als Skandälchen aufzudecken. Wer hat Ihnen denn explizit mitgeteilt, dass mein Freund hier die Zusatzleistungen nicht in Anspruch nehmen kann?«

Der Arzt drehte sich verwundert in der Tür um und schaute den Arno an wie ein Reh im Fernlicht: »Det… det… det muss ja wohl die zuständje Schwester jewesen sein, die den Herrn da uffjenommen hatt. Ick kann mich hia nun nich um jede Uffnahme kümmern.«

»Erstens verlangt das keiner, und zweitens wären Sie aufgrund mangelhafter Social Skills wohl kaum dazu geeignet«, schmetterte der Arno sauber zurück. »Wo finde ich die Dame denn? Ach, und wie war Ihr Name doch gleich?«

Das Letzte, was ich hörte, war das leise Klicken von Arnos Smartphone, als er sich den Namen des Arztes notierte. Ich leistete mir ein breites Grinsen und schlief ein.

Eikaffa[14]

Zwei Wochen später war ich tatsächlich wieder daheim. Am Bein eine schwarze Kunststoffschiene und in der Erinnerung das sonnendurchflutete Interieur eines Einzelzimmers mit Blick in den Hof.

Der Arno hatte dem Arzt einen sauberen Einlauf gegeben, nachdem klar wurde, dass die Schwester bei meiner Aufnahme die Zusatzleistungen sehr wohl notiert, der Berliner Leibarzt oder sein Adjutant sie aber einfach überlesen hatten. Oder vielleicht war's ihm einfach wurscht, und er hatte nach der langen Zeit ohne Gipsgeschiss einfach mal wieder Freud gehabt an einer lustigen Sauerei.

Auf jeden Fall hatte mir mein Isarpreiß, der Arno, doch glatt den jäh ausgefallenen Münchner Furor ersetzt, und dafür war ich ihm schon arg dankbar.

Tatsächlich war diese grüne Plastikschindel so bequem und das Bein dadurch immerhin so beweglich, dass ich vieles ganz wunderbar selber machen konnte, was mit einem Gips unmöglich gewesen wäre. Es ist schon eine

---

14 Eikaffa, des: Einkaufen

große Freud, wenn man trotz gebrochenem Haxen stehen, gehen, sitzen, liegen, duschen und bieseln kann.

Der einzige Grund, warum mich meine schnelle Genesung doch ein bissl gewurmt hat, ist die Tatsache, dass ich problemlos selber einkaufen gehen konnte. Denn diese unabwendbare Notwendigkeit der Neuzeit bringt mich jedes Mal an den Rand der fleischgewordenen Verzweiflung. Grundsätzlich scheint mein Einkaufstiming nicht besonders gut zu sein, denn ich geh immer genau dann in den Laden, wenn grad die Regale eingeräumt werden, die Hektik an der Kasse am größten ist, der scheiss Einkaufswagen mit der einen kaputten Rolle ganz vornedran steht ... bitte, lieber Herrgott, lass mich früher in die Höll fahrn!

Ich bin so genervt von dem ganzen Zirkus, dass ich mir sogar eine Einkaufswagenmarke gekauft hab, damit ich wenigstens nicht jedes Mal an der Kasse drum betteln muss, dass sich irgendwer meiner erbarmt und mir zehn Euro klein macht, sodass ich meine Bierkästen durch den Laden schieben kann. Seitdem hab ich dieses bunte Plastikmarkerl in der Jackentasche – aber natürlich nur in *der* Jacke, die ich nie anhab, wenn ich einkaufen geh, eh klar.

Aber gut, was hilft's. Es muss ja was gegessen und getrunken werden. Da ich halt generell überhaupt nicht zum Hamsterkauf neige, ist eigentlich nie wirklich was daheim außer einem antiken Glas Gurken mit der Aufschrift »Schlemmertöpfchen«, einer Packung mit schwarz gefärbten Nudeln, die zu jeder Art von Essen bizarr ausschauen, und meinem antiken Glücks-Panettone in Originalverpackung. Ach ja, und drei Kasten Helles, von irgendwas muss der Mensch ja leben.

Der Glücks-Panettone ist übrigens ein Glücksbringer

und kein Nahrungsmittel. Das kleine italienische Kücherl hab ich schon zweimal weiterverschenkt, und es ist jedes Mal zu mir zurückgekommen. Auch als Geschenk. Dass es tatsächlich genau dasselbe war, das ich schon verschenkt hatte, war zweifelsfrei zu erkennen an dem farblich etwas bissigen Schleiferl, das ich höchstselbst als persönliche Note um den oberen Falz geschlungen hatte.

Zweimal verschenkt, jedes Mal kam es zurück, als hätt ich kein Schleiferl, sondern ein Gummiband drangebunden. Es ein drittes Mal zu versuchen war selbst mir zu arg, also behielt ich die Boomerang-Backware und beschloss, die Treue zu belohnen mit der ehrenvollen Auszeichnung als »Erster und einziger offizieller Harry G Glückspanettone«.

Und doch wär ich an dem Tag glatt bereit gewesen, den Glückskuchen meinem Freund Arno zu schenken, wenn er mir nach der Rettungsaktion im Krankenhaus jetzt auch noch den Einkauf abgenommen hätte. Aber leider saß mein Isarpreiß tagsüber im Großraumbüro in Unterföhring, und so lange konnte ich nicht warten.

Also schleifte ich mich und mein steifes Bein zur Tür. Gerade wollte ich mir die Jacke überstreifen und den typischen Schlüssel-Geldbeutel-Handy-Check machen, als mir beim Blick auf mein Smartphone glatt eine andere Idee kam: War da nicht irgendwas mit Lieferdings …?

Sofort durchsuchte ich meinen Spam-Ordner nach dem Wort Lieferservice, und nach einer Unmenge von Bestellbelegen für kalte Pizza, warme Cola und die falsche Eissorte fand ich tatsächlich den Link zu einem 15-Euro-Gutschein für den ersten Online-Lebensmitteleinkauf meines Lebens.

Ich sank erleichtert auf mein Sofa: Eine große Supermarktkette, deren Namen ich hier jetzt einfach mal konsequent verschweige, lieferte tatsächlich direkt hierher in die Mitte von München, vierter Stock, ohne Aufzug. Sauba!

Mit einem zufriedenen Stoßseufzer griff ich mir mein Tablet, um nunmehr via Tap, Swipe & Doubletap einen bequemen Einkauf von der Couch aus zu tätigen.

Leider hätte ich dafür aber einen geladenen Akku im Tablet gebraucht. Also wuchtete ich mich wieder hoch, stakste rüber in die Küche, wo ich das Ladekabel vermutete, selbiges aber konsequent nicht antraf.

Auch im Schlafzimmer war das verfluchte Scheißding nicht und auch nicht in der Ladekabelschublade im Gang. Der Name dieser Schublade war grundsätzlich schon richtig gewählt, denn da waren tatsächlich Ladekabel drin. Nur an die dazugehörigen Geräte erinnerte ich mich nicht mehr so wirklich. Drei der Netzteile trugen immerhin die Aufschrift NOKIA, was eindeutig auf meinen ersten Handyknochen aus dem Anbeginn des Mobilfunkzeitalters hinwies. Wahrscheinlich lagen die drei dazugehörigen Handys auch seit über zwanzig Jahren in irgendeiner Schublade – mit achtundneunzig Prozent Akku.

In einer Jackentasche an der Garderobe wurde ich dann tatsächlich fündig. Vermutlich hatte ich es eingesteckt, als ich vorhatte, mich mal länger als dreieinhalb Stunden irgendwo frei zu bewegen, ohne zwischendurch das Handy oder Tablet aufladen zu können. Das kann man heutzutage aber fast nicht mehr ohne Ladegerät wagen. Denn kaum ist man zurück in der Zivilisation, muss man sich mit einem halb orgiastischen Seufzer der Erleichterung vor der nächsten freien Steckdose auf den Boden werfen.

»Guad!«, rief ich laut aus und ließ das Kabel mitsamt dem entsprechenden Stecker triumphierend durch die Luft sausen. Dabei löste sich natürlich die USB-Steckverbindung, der vitale Teil mit dem Stromanschluss flog den Gang entlang, landete auf den Fliesen in der Küche und rutschte mit einer an Filmreife grenzenden Perfektion … unter den Kühlschrank.

Jetzt ohne Schmarrn.

Freilich hätte ich spätestens in diesem Moment einfach mein Glump packen und zum Einkaufen humpeln können. Aber das war mir aufgrund meiner Persönlichkeitsstruktur nun leider nicht mehr möglich. Eigentlich schad …

Was langes Dünnes

Kennen Sie das auch, wenn Sie »was langes Dünnes« brauchen? Irgendwas rutscht irgendwo dahinter, drunter oder daneben, fällt in den Motor, hinter die Waschmaschine oder in die Ritze zwischen Wand und Heizung? Und da braucht man dann »was langes Dünnes«, am besten mit einem Magnet am Ende und zur teleskopischen Custom-Verlängerung. Der Hammer ist ja, dass es das tatsächlich zu kaufen gibt! Immer wenn man am Baumarkt an der Kasse steht, kommt man doch an diesem Quengelregal für Heimwerker vorbei, wo es das Klebeband gibt, was nicht klebt, die Biteinsätze, die sich bei der ersten Verwendung rundschleifen, und die Wasserwaage, die nix macht außer die Tüte nass, in der man sie heimgetragen hat.

Und DA gibt's auch »was langes Dünnes«: eine Art Zeigestab zum Verlängern, mit einer Magnetspitze. Und jedes Mal denk ich mir: »Komm, Harry, heit kaufst das!«, und jedes Mal denk ich mir direkt danach: »Komm, Harry, sei doch ned so bled. Wann brauchst denn so ein Glump?«, und jedes Mal fällt mir wenige Stunden nach der Heimkehr vom Baumarkt irgendwas runter und verschwindet an einer Stelle, wo man es nur wieder rauswurschteln kann, wenn man »was langes Dünnes« hat. Was ich dann eben genau gar nicht hab. Dafür eine saubere Wut im Bauch. Aber daran bin ich ja mittlerweile gewöhnt.

In Ermangelung von etwas Langem, was auch entsprechend dünn ist, legte ich mich also mitten in der Küche flach auf den Bauch und versuchte, meine Hand mitsamt dem dahinter liegenden Unterarm unter den Kühlschrank zu schieben. Genauer gesagt, schob ich den Arm unter die Holzverblendung unterhalb vom Kühlschrank. Da ich die Küche aber seinerzeit in einem Akt maßloser Selbstüberschätzung eigenhändig aufgebaut hatte, schwebte die Verblendung ein paar Zentimenter über dem Boden und verblendete genau genommen gar nix. Im Gegenteil setzte sie sogar etwas schonungslos frei: Und zwar den Blick auf mein massiv gestörtes Handwerker-Ego.

Tatsächlich konnte ich mit der Spitze vom Mittelfinger das Scheissglumpding spüren! Aber greifen konnte ich es so natürlich nicht. Dafür braucht's mindestens zwei Finger, und idealerweise ist einer davon der Daumen.

»Oiso guad …«, brummelte ich völlig zu Recht schon leicht angenervt und schob dann noch einmal kräftig nach!

Tatsächlich rutschte die Hand die paar entscheidenden Zentimeter weiter unter den Kühlschrank, und ich ignorierte den Schmerz am Oberarm, wo mir die raue Unterseite vom Pressspan gerade ein grundschulreifes Linienpapier in die Haut gekratzt hatte.

Ich griff blind zu und seufzte erleichtert auf, als ich tatsächlich das Plastik des Netzteils zwischen den Fingern spürte. Doch als ich die Hand zurückziehen wollte, ging da erst einmal nix weiter. Ich versuchte es noch mal, aber der Arm steckte tatsächlich fest!

Eine eingehende Analyse der Situation ergab, dass sich der Unterarm in einer ähnlichen Lage befand wie seinerzeit mein Ringfinger, als ich im Alter von sechzehn versucht hatte, mir einen von Anfang an eigentlich viel zu engen Freundschaftsring wieder abzustreifen. Dieses Ding vom Finger zu bekommen war in dem Augenblick jedoch ganz und gar bitter nötig, denn die Herzdame mit dem Gegenstück hatte gerade mit mir Schluss gemacht. Das konnte ich ihr auch gar nicht so richtig verübeln, denn ich hatte einer deutlich ansprechenderen Alternative ohne Verbaldiarrhö schöne Augen gemacht.

Vor dieser Alternative namens Steffi Altberger stand ich nun auf dem Pausenhof, und sie hatte mich gerade gefragt, ob ich denn nicht mehr mit »der Neuhauser Steffi« zusammen sei. Das verneinte ich wahrheitsgetreu, und gleichzeitig wollte ich eben hinter dem Rücken den Neuhauser Ring abziehen. Das ging aber ähnlich überhaupt nicht wie auch die Sache mit dem Arm unter dem Kühlschrank. Hinein war gerade so gegangen, hinaus ging es nimmermehr.

Da ich gerade nicht so wirklich in der Stimmung war, Rücksicht auf meine direkte Umwelt zu nehmen, griff ich kurz entschlossen mit der anderen Hand die Verblendung unter dem Kühlschrank und riss fest daran, so gut es im Liegen eben möglich war.

Ich hätt aber gut daran getan, vorher wenigstens ein bissl nachzudenken. Denn was passiert, wenn man mit der Hand an einem fixen Punkt zieht, während man mit dem Restkörper auf dem Fliesenboden liegt? Richtig. Der fixe Punkt bleibt fix, aber man selbst bewegt sich auf selbigen Punkt in einer Geschwindigkeit zu, die direkt proportional zur aufgewendeten Kraft steht.

Einfacher gesagt: Ich hab mir so dermaßen den Schädel gegen die untere Kante vom Kühlschrank geschmettert, dass es fast schon wieder lustig war. Aber eben nur fast. Denn paradoxerweise hatte sich meine Situation zwar verändert und war trotzdem gleich geblieben.

Verändert hatte sich, dass ich jetzt Schädelweh hatte. Gleich geblieben war die Position vom Unterarm unter dem Kühlschrank.

»Kreizbirnbaumundhollerstaudn!«

Ja, manchmal muss man fluchen wie der Meister Eder, wenn der Pumuckl wieder die Feile versteckt hat. Das hilft nicht nur einem Bayern, sondern jedem Menschen überall auf der Welt, wenn er in der Küche mit dem Arm unter dem Kühlschrank auf dem Boden flackt. Probiern Sie's gern aus.

Da ich ja grundsätzlich lernfähig bin – vor allem wenn es vorher sauber gerummst hat –, drückte ich beim dritten Versuch jetzt Kopf und Schulter ganz platt gegen die untere Kühlschranktür und riss dann erst mit der freien Hand an der Verblendung. Es krachte zufriedenstellend, knirschte unangenehm, und ich warf mit einem Triumphschrei das abgebrochene Pressspanbrettl von mir. Schon bevor es in den großen Bilderrahmen an der Wand hinter mir einschlug, wusste ich, dass es gleich noch einmal krachen würde. Wenigstens knirschte es nicht. Dafür klirrte es.

Ich beschloss, die Scherben jetzt einfach gnadenlos zu ignorieren. Schließlich hatte ich ja eigentlich vor, mir nervenschonend von der Couch aus was vom Supermarkt liefern zu lassen. Und noch ließ sich die nervliche Bilanz zufriedenstellend abbilden. Ja, so sehr hasse ich Einkaufen!

Also storchte ich mit meiner Beinschiene, dem Netzteil und ein paar sichtbaren Kratzern am Arm zurück zur

Couch. Dort bereitete es dank versteiftem Bein erst einmal einiges an Mühe, den Stecker in die Stromleiste neben dem Kanapee zu nackeln[15]. In die Knie gehen konnte ich ja mit dem Plastikschifferl nur, wenn ich das geschiente Bein steif zur Seite wegstreckte und das andere Bein anwinkelte – in etwa wie ein greiser Ninja.

Ein Bruce-Lee-artiger Kiekser entfuhr meiner Kehle, als das Tablet dank Stromzufuhr tatsächlich zum Leben erwachte.

Leider nur zu kurzem, denn während dem Startbildschirm fror es einfach ein. Minutenlang. Das war mir allerdings schon mehrfach passiert und schockierte mich kaum. Routiniert drückte ich den »Home Button« und an der Seite die Lautstärke-Wippe, bis sich das Tablet mit einem brutalen, sogenannten Hard Reset wieder in den Werkszustand versetzt hatte. Daten hatte ich da eh keine drauf, und das Passwort für mein WLAN war schnell wieder neu eingegeben.

Ich tippte den Namen des Bestelldienstes ein und … ja, ich weiß, Sie denken jetzt, ich hätt kein WLAN gehabt oder so was in der Art. Nein, tatsächlich war das nicht das Problem. Es sind *nie* die Dinge, die man erwartet. Es sind immer die ganz, ganz, ganz unerwarteten Sachen, die einen aus der Bahn werfen und langfristig dafür sorgen, dass man irgendwann mit einer Unterhose auf dem Kopf im Stechschritt über die Straße läuft und allen erklärt, man wäre die Vorhut vom Fähnlein Fieselschweif.

In meinem Fall war es ganz banal die Benutzerführung des Bestellservices, die mich in den Wahnsinn trieb.

Wie kann es sein, dass sich CFO, CEO und CIO eines

---

15 Nackeln, das: Ein Objekt hin und her bewegen, damit es endlich da reinrutscht, wo es reinsoll, oder sich endlich löst.

riesigen Einzelhandelskonzerns wochenlang mit Turnschuh zum Anzug tragenden Start-up-Gschaftlern treffen, dabei Hunderte Bladl Flipchart-Papier vollsudeln und dann vor lauter Nebelbombengeschwafel über Skalierung, Businessmodel und Crowdsourcing total vergessen, dass die Steffi von der Produktentwicklung es immer noch nicht geschafft hat, im beschissensten Webshop der Welt einen Warenkorb für zwei Tiefkühlpizzen und ein Packerl Küchenrolle anzulegen?

Diese Ausgeburt des bitgewordenen Armageddon wurde auf jeden Fall direkt auf mich losgelassen: Den nichts ahnenden Nutzer. Im ewigen Fegefeuer der digitalen Verdammnis sollen sie brennen für dieses undurchsichtige Tap-Swipe-Tal des Todes, in dem ich die nächste Stunde verbrachte!

Ich weiß gar nicht, wie oft ich »Butter 500 g, Bio« angeklickt, getapt oder gedoubletapt habe, damit es dann entweder mehrfach oder keinmal in meinem gschissenen Warenkorb angezeigt wurde!

Keine Ahnung, wie ich es geschafft hab, dass da drei verschiedene Arten Milch aufgetaucht sind, von denen keine »aus der Region« war, wie ich eigentlich wollte, dafür aber alle »mit der extra Portion Calcium«.

Nur vage ließ sich erahnen, warum anstatt »Tortellini, Ricotta Spinat« ein Päckchen braune Schnürsenkel (»Kunden kauften auch …«) und zwölf Packerl Vanillezucker (»Check Out Deal«) in meiner Bestellung gelandet waren!

Auch ist mir bis heute völlig schleierhaft, warum man da eine einzelne Rolle Klopapier bestellen kann. Wer bitte kauft eine einzelne Rolle Klopapier? An einem guten Tag glangt die grad so lang wie der Akku von meinem ebenso verschissenen Handy, Kreizdeifi!

Und warum ertönt bei jedem Produkt, das man auszuwählen versucht, ein Quittierungston, der klingt wie eine Mischung aus Kuhmuh und der Ballontröte von Laurel & Hardys Ford Modell T? Ich wüsst außerdem gern, ob die Leut, die einem den zusammengehupten Kaas dann liefern, auch die sind, die ihn vorher im Lager zusammensuchen. Ich vermute nämlich bis heute, dass mich der Lieferant schon ein bissl sehr verwundert gemustert hat. Ich an seiner Stelle hätte mich aber auch gefragt, was der Depp mit der Beinschiene heut noch alleine vorhat mit zwölf Kasten Helles, einer Rolle Teppichklebeband und einem Porzellanclown »Tears in Venice, Collectors Edition Size M«.

Nachdem ich dank Salzstangen (die hatte ich wirklich bestellt), einer Flasche Helles (davon hatte ich etwas zu viel bestellt) und ein paar Gurken (die hatte ich ja noch da) halbwegs zufriedengestellt war, konnte ich auch den Einkauf so verstauen, dass man sich nicht sofort fragen musste, ob ich bei einer Haushaltsauflösung die Arschkarte gezogen hatte. Danach sank ich auf meiner Couch darnieder und fiel in einen zittrigen Halbschlaf.

Im Traum jagte ich den Programmierer der Bestell-Page mit einem überdimensionalen Tablet die Sonnenstraße hinunter, verfolgt von einer Armee Nokia-Handys. Dabei rief mir der Arno vom Stachus aus zu, ich müsse nur so lange rennen, bis die Akkus der Telefone leer wären. Dann hielt mir der Türsteher vom Pacha einen Bilderrahmen hin, den ich fehlerfrei durchsprang. Zur Belohnung durfte ich mich unter einem Kühlschrank verstecken, doch leider hatten die Handys alle »was langes Dünnes« dabei und zogen mich darunter hervor. Ihr kakophonisches Lachen klang wie der Pumuckl, und in Ermangelung einer Alternative lachte ich lauthals mit.

Ich erwachte schreiend, humpelte schlaftrunken in die Küche, trat in die Glasscherben des zerschmissenen Bilderrahmens, schrie noch ein bissl lauter und hörte erst damit auf, als ich die antiken Gurken erbrach.

Noch Jahre später erinnerte ich mich an diesen Tag als einen der beschissensten in meinem ganzen Leben. Allerdings war das, bevor der Arno mich gefragt hatte, ob ich mitkommen wollte zum Bergwandern.

WhatsUp, App?

Na, Herbie, alles senkrecht auf der Andrea Doria?«, preißlte mir der Arno eines viel zu frühen Morgens durchs Telefon entgegen. »Harry, ich hab dich noch nie um was gebeten …«

Wenn ein Satz schon so losgeht, da weiß man doch direkt, dass es ab da nicht mehr besser wird.

»Guten Morgen erstamal«, startete ich ganz langsam. Immerhin war heut Sonntag und der gestrige Samstag recht lang gewesen.

»Und dann glaub ich, dass der saublöde Spruch mit der ›Andrea Doria‹ irgendwie anders geht, aber des is eigentlich wurscht. Was mir aber nicht wurscht ist, Arno …«, und hier machte ich eine vollkommen beabsichtigte Pause. »Was mir wirklich ganz und gar nicht wurscht ist, das ist mein Name. Bitte nenn mich nicht ›Herbie‹. Nenn mich ›Harry‹. Nicht ›Herbie‹. Das muss doch irgendwie möglich sein!«

»Also echt, Herbie, alter Nieselpriem!«, lachte mir der Arno so laut entgegen, dass ich das Telefon auf einer Armlänge Abstand halten musste, um es daran zu hindern, mein Ohr anzutanzen.

»Du wirst ja wohl darüber hinwegkommen, dass ich als dein einziger offizieller Preußenfreund einen Kosenamen für dich habe, oder nicht?«

»Oder nicht, Arno, genau das trifft's. Bitte …«, begann ich, aber mein Isarpreiß war schon wieder ein Thema weiter. So sans, die Preißn. Sobald etwas den Mund verlassen hat, ist es auch aus dem Hirn.

»Aber jetz red ned drumrum, was is passiert?« fragte ich, und der Arno räusperte sich hörbar.

»Ja nun, Herbie, ich habe eine … eine kleine Dummheit gemacht. Also, vorhin beim Monday Jour fixe, da … also da hab ich meinen neuen Kollegen vorgeschlagen, dass wir doch zum besseren Kennenlernen ein innovatives Outdoor Incentive, also eine Bergwanderung, machen könnten.«

»So? Und?«

»Und da hat unser Chef, der Walström, gesagt, wir könnten das gern organisieren, er würde sogar mitkommen. Und bevor ich einen Satz sagen konnte, hat sich unser Junior-Consultant Rudi sofort reingewanzt und angeboten, das zu organisieren.«

Dass der Arno immer so ein Gschiss um alles machen musste! »Soll er doch, wo ist das Problem?«

»Der Rudi hat mich auf dem Kieker, Herbie!«, brüllte der Arno da wie eine Trambahnklingel.

»Miassts ihr Preissn immer so plärrn, wenn was los is!«, schimpfte ich zurück. »Und warum is bei euch eigentlich immer was? Kann denn ned amal einfach nix sein?«

»Schön wär's, Herbie!«, lamentierte der Arno jetzt halb so laut weiter. »Aber der Rudi, diese Ratte, der will meinen Job. Vom ersten Tag an ist er immer da, bevor ich da bin, der Kaffee für den Walström steht schneller da, als ich fragen kann, ob er einen will, jede Idee von mir greift der Knilch sofort auf und wird von ihm als seine verkauft und … Und ich glaube, er fischt meine Kundendaten ab!«

»Aber Arno, wie soll er das denn machen?«

»Er saß ja an meinem Schreibtisch, solange die Stelle unbesetzt war, und er hatte auch ein paar meiner späteren Aufgaben übernommen. Dass er jetzt wieder zum Excel-Sklaven degradiert wurde, das passt ihm natürlich gar nicht, da kann ich aber auch nichts dafür. Und dann hab ich ihn kürzlich in der Mittagspause gesehen, wie er mit der Redakteurin geredet hat, die ich bisher betreut habe! Und dreimal darfst du raten, nach wem die beim letzten Jour fixe gefragt hat?«

»Nach dem Kaffee?«

»Nach dem RUDI!«, plärrte der Arno da schon wieder so laut, dass mir das Ohr klingelte.

Als ich das Handy ans andere Ohrwaschl gewechselt hatte, hörte ich den Arno grad noch was von »… mein Freund, der Profi-Bergführer …« faseln.

»Dein Freund, der WAS?«

»Herbie, diesmal musste ich diesen Rotzlöffel doch einfach ausstechen! Und da habe ich den Kollegen erzählt, dass ich einen fantastischen, original bayerischen Bergführer kenne, der uns sicher hinauf und hinunter bringt, mit einem Tritt so behände wie eine Berggemse und einem enzyklopädischen Wissen über die gesamten Alpen, jeden Gipfel, jedes Tal und jede Alm …«

»Arno …«

»… und dass er mein bester Freund ist und …«

»ARNO.«

»… und dass er Herbie heißt.«

»ER HEISST NICHT HERBIE, SONDERN HARRY!«, plärrte ich ins Telefon, sodass dem Arno hoffentlich die

Ohren schlackerten. Ich erwartete, von seiner Seite einen sauberen Tinitus zu hören, aber stattdessen kam: »HörbyBörby, du bist so ein Schatz! Danke, dass du das mitmachst! Wenn du da gut performst, dann bin ich endlich save im Office! Die gesamte Abteilung besteht aus Zugereisten, und keiner von denen hat einen eigenen Bayern, da werden die alle staunen, hahaha!«

»Einen eigenen Bayern …«, wiederholte ich, doch der Arno grätschte gleich wieder in die Sprechpause wie eine Giraffe auf dem Glatteis.

»Ja genau, die werden alle so lange von euch gemieden, ausgegrenzt, angeschwiegen und in Grund und Boden ignoriert, so wie ihr das eben macht hier. Nur ich, ich hab dich, und da wird nicht nur der Rudi vor Neid erblassen, yeah, Strike – 1:0 Arno Brüggemann, BÄM! Also dann, Infos wo und wann gibt's in der WhatsApp-Gruppe, ich adde dich, bis denne!«

»Arno! Was? Welche WhatsApp-Gr…«, doch da war er schon wieder weg, der Herr Arno Brüggemann.

Alleine diese Unart geht mir schon brutal auf die Nerven! Kennen Sie das, wenn jemand einfach viel zu schnell auflegt? Sobald er oder sie sich verabschiedet hat, ist das Gespräch für diese Person auch emotional zu Ende, und während man selbst noch eine höfliche Verabschiedung formuliert, wird man schon vom Knacksen und Tut, Tut unterbrochen. Das Gegenüber hat die Verabschiedung nicht der Anhörung wert befunden und bereits aufgelegt, um sich wichtigeren Dingen zuzuwenden, wie zum Beispiel der Umwandlung von Sauerstoff in Kohlendioxid.

Da machte es auch schon summ-summ, und ich bekam die erste von einer Billiarde WhatsApp-Nachrichten zum Thema »Bergwanderung«.

Bis zum Freitag hatte diese Gruppe mein Handy komplett in Beschlag genommen. Ich konnte keinen Anruf tätigen, keine SMS und keine Mail verfassen, ohne dass alle paar Sekunden irgendwer aus Arnos mitteilsamem Kollegenkreis nicht irgendein weiteres Foto, einen weiteren lustigen Spruch, einen weiteren Vorschlag für das Wanderziel, eine weitere Anregung für die richtige Ausrüstung und eine weitere Antwort auf eine Antwort auf einen Spruch auf ein Foto auf eine Frage in die Runde senden musste. MUSSTE.

Am Anfang versuchte ich noch, mich da pflicht- und freundschaftsbewusst zu beteiligen. Vor allem als die Idee aufkam, man könnte doch den Höllental-Klettersteig auf die Zugspitze in Angriff nehmen: Die Kraxelei heißt nicht umsonst so und ist für Unerfahrene tatsächlich lebensgefährlich – auch wenn sie sich vorher beim Sport-Schuster für sechshundert Euro eine mordsdrum Himalaya-Ausrüstung haben aufschwatzen lassen!

Ich wies höflich drauf hin, dass ich entschieden davon abraten würde, was der mir bis dahin noch unbekannte Pratikant Rudi so kommentierte: »Aber wir haben doch Arnos Privat-Bavaresen dabei, der uns alle beschützt :-))))))«

Ich hab mich so zusammenreißen müssen, so viele schöne Antworten hätt ich da drauf gehabt – aber dann schrieb eine Frau Hassloch, dass sie irgendwas am Knie hätt und bei so einer Tour dann nicht mitgehen würde. Die Dame war wohl irgendwie wichtig, drum war der Höllental-Steig dann bald kein Thema mehr.

Irgendwann war es für mich eh nicht mehr möglich, auf irgendwas in dieser gestörten Gruppe zu reagieren oder am End eine Tour vorzuschlagen, denn immer wenn ich mein Handy rausnahm, waren wieder tausenddreihundert neue Nachrichten eingegangen. Hamm die nix anders zum doa in der Abteilung!?

Dass ich außerdem Anfang der Woche durch irgendeine falsche Bewegung auf dem Handydisplay den saublöden Sprachassistenten aktiviert hatte, machte mein Leben nicht einfacher. Wo man das wieder ausschaltet, hatte ich ums Verrecken nicht rausgefunden, und jedes Mal, wenn ich ein bissl zu lang auf den Home Button drückte, schaltete das Glump in den »Listening Mode« und hörte allem zu, was das Micro nur irgendwie erlauschen konnte. Dazu tanzte eine Art grafischer Equalizer synchron zu dem, was man dann fluchte, und anschließend gab der Sprachassistent eine Antwort, die meistens lautete: Ich habe dich nicht verstanden, kannst du das noch einmal wiederholen?

Am Ende der Woche hatte ich nach wie vor nur diese eine Nachricht in der Gruppe selbst verfasst und abgeschickt. Trotzdem wusste ich über die Gruppenteilnehmer alles, was ich niemals zu fragen gewagt hätte. Schuhgrößen, Nahrungsunverträglichkeiten, Links- oder Rechtsträger – alles wurde via WhatsApp zu Tode besprochen, kommentiert und mit lustigen Bildern versehen, auf denen entweder Captain Picard von der Enterprise den platterten[16] Grind in die Handfläche stützt oder irgendeine Katze oder ein Hund weitwinklig und panisch in die Fotolinse starrt. Darunter steht dann so was wie »OMG« oder »Someone Give That Person A Brain« oder etwas noch viel, viel Lustigeres.

Also schickte ich dem Arno ein paar Vorschläge für Touren, die weder lebensgefährlich noch allzu schwer daherkamen, mit einer netten Alm und einem Gipfel-

---

16 Plattert: Glatzköpfig

kreuz am Ende. Er bedankte sich auch artig, aber wofür man sich schließlich entschieden hatte, hätt ich aus dem WhatsApp-Durchfall destillieren müssen, und dafür war mir meine Zeit wirklich zu schad. Also beschloss ich, für alle Fälle gerüstet zu sein.

Perfekt organisiert, wie die Preißn so sind, hatte man doch glatt zusammengelegt und einen Reisebus samt Fahrer gemietet. Dieser wartete am Samstag in aller Herrgottsfrüh auf dem Parkplatz hinter dem alten Pfannigelände am Ostbahnhof auf uns. Das hatte ich allerdings nicht durch die WhatsApp-Gruppe herausgefunden, sondern weil ich am Vorabend den Arno einfach *angerufen* hatte. Verrückt, ich weiß. Aber so bin ich halt.

Während dieses Telefonats von etwa vier Minuten machte es mindestens zehn Mal Bing in WhatsApp, was auf die steigende Vorfreude der Teilnehmer schließen ließ. Meine entwickelte sich dazu umgekehrt proportional, aber was willst machen. Am Ende stürzt der Arno mitsamt der Rechtsabteilung in eine Gletscherspalte, und ich mach mir ein Leben lang Vorwürfe. Wahrscheinlich hätten die sich noch im Fall gegenseitig WhatsApp-Nachrichten geschickt …

Als ich am nächsten Tag in der Früh am Treffpunkt ankam, stand am anderen Ende des großen Parkplatzes ein Bus, vor dem sich die Mitglieder eines Faschingsvereins sammelten. Da winkte mir der Arno aus der Mitte der Kostümierten zu, und ich erkannte zu meinem namenlosen Schrecken, dass es sich tatsächlich um die Wandergruppe handelte!

Mit jedem Schritt, den ich näher kam, entpuppten sich

die vermeintlichen Verkleidungen als genau die Art von Outdoor-Mimikry, die den Grant eines Einheimischen in Sekunden von null auf unendlich beschleunigt. Softshell-Jacken mit unendlich vielen Reißverschlüssen, dazu bunte Mützen, regenbogenverspiegelte Fahrrad-Sonnenbrillen, schrille Rucksäcke mit und ohne baumelnden Trinkschlauch, rosa-lila Turnschuhe, Schuhe mit Absätzen, aber auch das steigeisentaugliche Tibet-light-Modell von Hanwag für fünfhundertsechzig Euro, Jeans mit Glitzer-Applikationen, Gürtel mit Multitool und Handytascherl, Brustbeutel mit Karten, Adresszetterl und Allergieausweis, das ein oder andere Lawinenpfeiferl am Revers und … oh mei… der Arno!

»Arno!«, rief ich statt einer Begrüßung. »Du willst doch ned wirklich mit deine Segeltuchschucherl auf den Berg nauf?«

»Warum denn nicht, Herbie?«, fragte der und zuckte mit den Schultern. »Im Internet zählt diese Wanderung zu den Familienausflügen, und das Ganze dauert auch nur eine Stunde.«

»W…«, stammelte ich, und Arno lachte: »Hast du doch gelesen in der WhatsApp-Gruppe, oder nicht? Wir gehen rauf zur Schliersbergalm, ganz easy. Die anderen hatten jetzt nicht so die Böcke auf die Eiger Nordwand, verstehste?«

Er deutete mit dem Daumen über die Schulter: »Sind eben auch ein paar Flachländler dabei, ist ja nicht jeder zur Berggemse geboren.«

Mir fehlen ja selten die Worte, aber dazu fiel mir jetzt einfach nix ein. Dafür wurde mir jetzt schlagartig klar, dass vor dem Hintergrund dieser »Wanderung« plötzlich ich derjenige war, der mit seiner Kniebundhosn und den Bergstiefeln saublöd aussah!

»Arno, meinst, ich könnt schnell noch einmal heim und mir einfach eine Jeans anziehen ... oder vielleicht eine Zyankalikapsel schlucken ...«, murmelte ich meinem Isarpreißn zu, doch der hatte sich schon ein paar Hirnsalti weiter gedreht und stellte mich nun freudig erregt seinen Kollegen aus der Rechtsabteilung des Fernsehsenders vor.

»So, ihr Lieben. Und das ist mein originär bayerisch-münchener Freund und Kupferstecher, der Herbie, von dem ich euch schon so viel erzählt und vorgeschwärmt habe!«, rief er dem bunten Haufen Ü-Eier zu. »Er wird uns sicher hinauf- und natürlich auch wieder hinunterbringen, dabei die Berge, Täler, Fauna und Flora in blumigsten Parergra und Paralipomena beschreiben.«

»Wos bin i?[17]«, fragte ich und schaute den Arno gleichzeitig fragend und warnend in seine vor Stolz blitzenden Augen hinein. Der war aber mal wieder nicht zu stoppen, ganz im Gegenteil: »Ich freue mich sehr ...«, rief er und deutete schwungvoll auf mich, wie der Zirkusdirektor auf sein schwindsüchtiges Löwengerippe: »... euch hiermit auch wie versprochen den ersten Einheimischen präsentieren zu dürfen, der auf Fragen tatsächlich Antworten gibt, euch nicht ignoriert wie alle anderen Bayern und sich auch nicht hinter seinem unverständlich gutturalen Dialekt versteckt: mein Freund, München-Mentor und heute unser aller Reiseführer: Herbie G!«

»Harry«, verbesserte ich. »Habe die Ehre.«

---

17 Wos bin i?: Wörtlich »Was bin ich?«, aber eigentlich meint dieser erstaunte Ausruf eher so etwas wie: »Ich hab kein Wort verstanden und nehme deswegen an, du hast mich beleidigt.« Also die weniger aggressive Version von »Ich versteh nur Bahnhof«.

Eine Busfahrt, die ist lustig

Niemals werde ich die Gestalten vergessen, mit denen der Arno mich nun nacheinander bekannt machte. Sie alle folgen mir bis heute mitten hinein in meine düstersten Albträume …

Frau Kaspery-Rhodenfuss, mehrfache Gewinnerin im Ursula-von-der-Leyen-Doppelgänger-Contest, davon einmal gewonnen gegen Ursula von der Leyen persönlich. Eine Stimme wie die Türangel einer Rasthausklotür, eine Frisur, die zusammen mit Ratten und Kakerlaken jeden Atomkrieg überdauert, und dabei das frostige Gebaren einer Frau, die es gewohnt ist, Befehle zu erteilen, die dann auch befolgt werden. Lieblingsredewendung: »Aber Zackizacki!«

Horst Borken, der Marshmallow Man, kein Hals unter dem massigen Kopf erkennbar, kommt schon vom Rumstehen außer Atem. Scheint eine Vorliebe für lustige Aufdrucke auf Kleidungsstücken zu haben, die wohl vortäuschen sollen, dass Herr Borken über ein gerüttelt Maß an Humor verfügt. Aber jeder, der ein Sweatshirt trägt, auf dem Tweety dem Kater Sylvester mit einer Schrotflinte den Kopf runterballert und dabei via Sprechblase vermeldet: »Puttycat stopped thinking bout me«, muss damit rechnen, dass man ihn nicht in die Reihe der Humoraffinen sortiert, sondern in die der Vollpsychos.

Ralf Wisskovicz schaut im Wesentlichen aus wie Noseferatu und beäugt auch alle so, als würde er gleich kraftvoll zubeißen. Hab ihn kein einziges Mal blinzeln gesehen. Wie ich später herausfand, hatte er tatsächlich so etwas wie ein Hobby. Ich war froh, dass es nichts mit Blutkonserven und Badewannen zu tun hatte.

Dorothea Hassloch hat eine Figur wie ein Tannenbaum: kleiner Kopf, schmale Schultern und wird nach unten hin immer breiter. Überzeugte Kölnerin und die fröhlichste Person auf diesem Planeten. Sie droht jede Sekunde vor Lachen zu explodieren und wird damit dereinst alles im Umkreis von hundert Metern unter Konfetti ersticken. Spätestens jetzt war klar, dass ihr kaputtes Knie auf dem Klettersteig nicht das größte Problem gewesen wär, sondern ihr unaufhörliches Gegacker. Auf jeden Fall hätte ich sie als Letztes in der Gruppe positioniert, weil wir dann im Fall eines gemeinschaftlichen Absturzes weich gelandet wären.

Dr. Per Walström, Chef der Rechtsabteilung und einer von diesen Menschen, die grundsätzlich ohne Augen lächeln. Sieht aus wie ein genetisches Experiment zwischen Donald Trump und Rudi Carrell, Gott hab ihn selig. Raucht die ganze Zeit wie ein Lagerfeuer aus Gummireifen, die Haare sind durch Tabak blond gefärbt und werden ab Mitte des Kopfs bis zum Nacken immer weißer. Sein Zahnfleisch hat sich von den gelben Zähnen zurückgezogen, denn es will nicht mit Dr. Walström zusammen gesehen werden. Denn das, was dieser Mensch den ganzen Tag über absondert, gehört vollständig im Chemiemüll entsorgt. Bösartig, kaltherzig, überheblich und komplett ironiefrei – der ganze Mo a Depp. Ein Chef zum Verlieben, wenn man auf zammgrauchte Eiszapfen steht.

Ja, und dann war da noch dieser ominöse Rudi, der als »Junior-Consultant« wohl so was wie ein besserer Praktikant war. Ich hab sofort gesehen, warum der Arno in seiner Gutmütigkeit da überhaupt keine Chance haben würde. Es war mir direkt klar, dass der Rudi es einmal weit bringen wird, weil er die seltene Gabe besitzt, in mehrere Ärsche gleichzeitig zu kriechen. Irgendwann, wenn jede seiner Extremitäten in einem anderen Hinterteil klemmt und die von ihm so Beglückten dann plötzlich in verschiedene Richtungen loslaufen, wird er geviertteilt. Und noch etwas war gruselig an dem jungen, ein bissl zu korrekt gekleideten, ein bissl zu höflichen, ein bissl zu bemühten Typ. Kennen Sie das, wenn jemand Ihnen die Hand gibt und es fühlt sich an wie ein toter Fisch? So schlaff, kraftlos und feucht, als hätt man einem Pornodarsteller zum Feierabend an den falschen Finger gelangt?

Genau so wollte dieser Rudi einem nämlich *nicht* die Hand schütteln, und man merkte das! Er drückte zu wie dem Meister Eder sein Schraubstock und schaute mir dabei in die Augen wie der National-Adler aus der *Muppet Show*. Damit wirkte er aber nicht wirklich entschlossen und selbstbewusst, sondern wie jemand, der sich vorgenommen hat, entschlossen und selbstbewusst zu wirken. Solche Leute durchschau ich aber wie ein Fliegengitter. Mir machte der Rudi nix vor.

Und du magst meinem Isarpreißn an die Gurgel, hab

ich mir nur gedacht. Do weast di no umschaugn, du Gaggerl[18].

♦ ✆ ♦

Mit dieser Bagasch[19] hockte ich also nun eine gute halbe Stunde im Bus und schwieg, während die Belegschaft sich rege über die neuesten beruflichen, beziehungstechnischen und gesundheitlichen Interna austauschte.

Dank dieser gemeinsamen Fahrt in der Heizdeckenschaukel wusste ich bald alles über die Verdauungsprobleme des Marshmallow Man und dass ein mir völlig unbekannter Mensch aus der Personalabteilung mehrfach versucht hatte, bei Frau Kaspery-Rohdenfuss zu landen, in dem er ihr erst Blumen, dann Schokolade und schließlich ein gerahmtes Foto von sich auf dem Tisch hinterlassen hatte. Letzteres wurde von den Kollegen als »Ey, creepy, seriously« bezeichnet, und damit lagen sie rein inhaltlich gar nicht mal so daneben.

Einzig Nosferatu Wisskovicz war der Meinung, sie solle doch mal mit ihm ausgehen, vielleicht sei er ja ganz nett.

»Arno, ohne Schmarrn, wenn der Joe Geisterbahn da drüben das für eine gute Idee hält, dann solltest du deiner Kollegin dringend abraten«, zischte ich meinem Isarpreißn zu.

»Ach was, der Wissko ist schon in Ordnung«, antwortete mir der Arno und winkte ab. »Der sieht nur so aus, der beißt nicht.«

---

18 Gaggerl, das: Ei
19 Bagasch: von frz. Bagage = Gepäck, eine Gruppe von Menschen die im übertragenen Sinne als »Belastung« empfunden wird. Auch als Bezeichnung für die Familie oder eine Clique verwendet, da nicht unbedingt boshaft, eher salopp.

»Zumindest nicht, wenn jemand hinschaut«, brummte ich, aber das hörte der Arno schon gar nicht mehr, denn da hatte Frau Hassloch entdeckt, dass vorne beim Fahrer ein Reiseleitermikrofon bereitstand … Natürlich war das nur für Leute vorgesehen, die auch etwas zu sagen hatten, aber nach Meinung von Frau Hassloch über Frau Hassloch hatte Frau Hassloch ja eigentlich immer was zu sagen. Und da ging es auch schon los …

»Hey, hallihallohallöle, wie isch ja immer jern zu sagen pfleje! Hahaha!«, lachte sie in an- und abschwellenden Anflügen original kölscher Spaßkultur in die blechern scheppernde Sprechanlange: »Na, da haben wir doch heute mal ein Wetterschen, die Vorhersaje war sisch ja mal wieder uneinisch, ich sag ja immer: Einfach auf die Vorhersaje hören, die dat Wetter voraussagt, dat wo du am liebsten willst, ne? Hahaha! Nee, mal im Ernst jetz, isch freu misch so sehr, dat ihr alle hier heute mit uns …, also dat ihr mit mir …, dat wir alle zusammen heute hier die Berge erobern! Und eins is klar: Oben auf dem Gipfel, da reißen wir dem Borken sein Pulli von ihm runter und machen dat als Fahne ans Gipfelkreuz, so von wegen ›Rechtsabteilung was here!‹. Hahaha, alles klar? So machen wa dat! Also, Glück auf oder Petri Heil oder wat weiß isch, wat der Bayer da so sagt …«

Da fiel ihr Blick auf mich, und ich wusste, ich war verloren. Ich geh schon in kein Theater, kein Varieté oder sonstige Vorführungen mehr (und wenn, dann setz ich mich ganz nach hinten oder platziere mich hinter der Frau mit der größten Babelturm-Frisur), weil ich es auf den Tod nicht ausstehen kann, wenn mich irgendwer auf die Bühne zerrt! Da steht man nämlich dann wie dem Depp sein Spion neben dem Zauberer, dem Clown oder dem lustigsten Pantomimen, den die Welt in ein paar

Jahren durch Alkoholmissbrauch verlieren wird, und bekommt für jede Handbewegung, die man halbwegs richtig macht, einen besonders spontanen Gnadenapplaus.

Die Frau Hassloch schwappte mit der Anmut eines verkochten Nudelauflaufs auf mich zu und zog mich mit sich nach vorn zum Mikro: »So, und jetzt will dem Arno sin Aborigine noch ein paar Worte in seinem lustigen Dialekt zu uns saan, isch denk mal, jleisch verschtehn wir kee Sterbenswörtsche, hahaha!«, schrillte sie mir deutlich zu nah entgegen und schmetterte mir dann grobmotorisch das Mikrofon so hart vor den Rippenkäfig, dass mir kurz die Luft wegblieb.

»Rede! Rede!«, rief Arno aufgedreht und klatschte ebenso begeistert wie alleine Beifall. »Das ist mein EOMF, mein Echter Original Münchner Freund! Go, Herbie, go!«

Dabei schaute er mich so erwartungsvoll an, dass ich keine Wahl hatte: Ich musste jetzt irgendetwas sagen. Also winkte ich einmal in die Runde, nickte sparsam und sprach in meinem preißnfreundlichsten Deutsch: »Servus beinand, ich bin der Harry. Falls irgendjemand von Ihnen Fragen zum bayrischen Idiom, Brauchtum oder der näheren Umgebung hat, bin ich gerne bereit, Ihnen …«

Da riss mir die Hassloch sofort wieder das Micro aus der Hand: »Also hömma, so glaub isch dir dat nit, hahaha! Du klingst ja jar nischt wie ne rischtische Bajuwar. Arno, wat haste uns denn da für 'ne falsche Fuffzijer einjeschleppt?«

Ich hab genau bemerkt, dass der Rudi besonders laut gelacht und sich dabei umgeschaut hat, ob auch die anderen sehen, dass er laut lacht.

Do bass auf, Bürscherl, dachte ich mir und holte mir das Mikrofon zurück. Dann hub ich abermals an zu sprechen. Diesmal aber in einem so breiten Dialekt, dass man das Ganze unten in der Fußnote übersetzen muss: »No guad, dann machmashoidaso, des geht aa und miasoisrechtsei: Griasseichgod, schee, dasz heid olle aus eihane Wanznburgn aussa und do eina gfundn hobts, glei samma in die Berg, und i hoff gor saggrisch, dass eich do ned glei sovui gfoit, dassz ihr dann moants, dassz ihr vo heid o bis ultimo ajeds Wochaend auf die Berg nauf miassts. Oamoi im Johr glangt, ge, dass ma uns vaschdenga! Und wenns so weit is, na wead mi da Arno scho fria gnua warna, und dann bleibidahoam, dankschee und vui Schbass, habedehre!«[20]

»Sauba!«, rief da jemand, und ich drehte mich überrascht um. Es war der Busfahrer, der mich scheinbar als Einziger verstanden hatte.

Alle anderen warteten noch ein paar Sekunden, ob ich wirklich fertig war. Denn da sie mir tatsächlich nicht einmal ansatzweise hatten folgen können, war sich auch keiner sicher, ob ich tatsächlich am Ende meiner Rede angekommen war oder nur im Satz eine Kunstpause machte.

Nachdem ich dann aber demonstrativ das Mikro sinken ließ und die Handflächen jesusgleich nach außen drehte, hatte auch der letzte Isarpreiß begriffen, dass mein Vortrag nicht mehr weitergehen würde. Höflicher

---

20 Nun gut, dann machen wir es eben so, das geht natürlich auch, und mir mag es recht sein: Guten Tag, wie schön, das Sie es alle aus Ihren jeweiligen Behausungen hinaus und in diesen Bus geschafft haben. Jeden Moment müssten wir in den Bergen angelangt sein, und ich kann nur hoffen, dass es Ihnen dort nicht so gut gefällt, dass Sie meinen, ab sofort jedes Wochenende einen Berg besteigen zu müssen. Einmal im Jahr genügt sicherlich, ich hoffe, wir verstehen uns hier. Und wenn es so weit ist, wird mich mein Freund Arno früh genug warnen, auf dass ich dann zu Hause bleibe. Vielen herzlichen Dank, Ihnen allen noch viel Spaß und auf Wiedersehen.

Applaus plätscherte los und verebbte jäh. Nur ich hörte, wie der Busfahrer sein Lachen unterdrückte.

Der Arno wusste nicht so genau, ob er jetzt weiter stolz oder verwirrt sein sollte, denn auch er hatte wohl nur ein gutes Achtel dessen verstanden, was ich gesagt hatte.

»Arno, mei liaba …«, setzte ich noch hinterher: »Wenn mia so weidamacha und du guad mitmachst, dann vaschdest du in a boa Wocha des meiste vo dem, wos i grod gsogt hob. Des wead scho!«

Da lachten die meisten im Bus, die Hassloch, der Marshmallow Man und sogar der Walström applaudierten sogar, und der Arno freute sich.

Mei, er is scho arg liab, wenn er si gfreit, mei Isarpreiß.

Auffi

Tatsächlich waren wir bald danach in Schliersee am Schliersee angekommen, und es galt nun, sich möglichst lautstark und vor allem gleichzeitig durch die Türen des Busses nach draußen zu quetschen, nur um danach noch mindestens zwei Mal zurück in den Bus zu steigen, weil man irgendwas vergessen hatte.

Ich stieg als Einziger an der ebenfalls geöffneten Fahrertür aus und fühlte mich völlig zu Recht überlegen.

»San Sie da Reiseführer vo dene Preißn?«, fragte mich der Busfahrer und zündete sich einen krummen Hund[21] an.

»Naa«, erklärte ich wahrheitsgetreu. »I pass nur auf mein Isarpreißn auf, dass eam nix passiert.«

Ich deutete auf Arno, der ein paar Meter weiter links damit beschäftigt war, sich mit offenem Mund im Kreis zu drehen. »Mensch ey, Herbie! Und das hier ist alles nur

---

21 Krummer Hund, der: Eigentlich eine zwielichtige Person oder ein Betrüger, dem man selbiges auch ansieht. In diesem Zusammenhang aber eine spezielle bayerische Zigarre von der Dicke eines Zigarillos, die sich durch ihre deutliche Unregelmäßigkeit und »Krummheit« von selbigen abhebt.

siebenundfünfzig Minuten von unserer Residenz entfernt? Das ist ja mal richtig töfte!«

»Wos is des?«, fragte ich reflexhaft zurück.

»Töfte!«, wiederholte der Arno. »Ist eigentlich kein Begriff aus meiner Gegend, eher so Ruhrdeutsch. Aber man sagt: Knorke ist dreimal so dufte wie töfte.«

»Kn…, Arno, des kann ich nicht einmal aussprechen!«, schimpfte ich, und mein Isarpreißnfreund lachte nur.

»Herbie, so geht es uns allen hier mit achtundneunzig Prozent dessen, was ihr Bayern so absondert. Also Willkommen im Club, sag ich da bloß!« Lachend wendete er sich ab und stapfte los in Richtung des Schilds mit der Aufschrift »Schliersbergalm«.

Frau Kaspery-Rhodenfuss hatte gerade mal zwanzig Meter den Berg rauf zurückgelegt, da fasste sie sich an die Stirn. »Ach Gott, diese Höhenluft. Das geht ja gar nicht!«

»Also wir sind eigentlich noch gar nicht so hoch droben, und es geht auch nicht arg hoch bis zur Schl…«, fing ich an, aber da drehte die Dame schon um und stapfte die paar Meter wieder runter. »Nein, nein, das mag ja für Sie als Bergvolk gelten, aber ich kann das meinem Kreislauf nicht antun, ich warte im Bus«, quietschte sie in ihrer brutal schmerzhaften Scharnierstimme, während sie an den anderen vorbei den Berg runterstakste.

Der Busfahrer würde sich freuen, und ich hoffte nur für uns alle, dass sie nicht in Erzählerlaune war, sonst würden wir ihn bei der Rückkehr im Bus liegend mit blutenden Ohren vorfinden.

♦ 🥨 ♦

»Du bist also 'ne rischtischer Münschener?«, fragte mich Frau Hassloch, während wir mit dem Tempo einer gedrosselten Weinbergschnecke den breiten Schotterweg hinaufschlichen.

»Ja«, antwortete ich wahrheitsgemäß.

»Aha«, machte Frau Hassloch nach ein paar Sekunden. Anscheinend hatte sie erwartet, dass ich noch mehr dazu beisteuern würde. Aber was sollte ich weiter sagen? Die Frau hatte mir eine Frage gestellt, ich hatte sie beantwortet, batsch, bumm, das war's. Dachte ich.

Aber nicht so bei Frau Hassloch. Sie hatte scheinbar beschlossen, nun mit mir Konversation zu betreiben, und niemand würde sie davon so leicht abbringen. Na ja, schaumamal …

»Isch find das ja jroßartisch, dat der Arno disch mitjebracht hat. Man kommt ja sonst nie mit euresjleischen ins Jeschpräsch. So janz anders als bei uns im Rheinland.«

Ich nickte, denn da hatte sie halt einfach nur recht.

»Und was würdest du jetzt sagen, was is so typisch münschnerisch?«, fragte sie dann, und ich bemerkte sehr wohl, dass sie diesmal keine Frage gestellt hatte, auf die ich mit Ja oder Nein hätte antworten können.

»Brezn«, antwortete ich.

»Aha.«

»Ja.«

»Und … was ist an der Brezel …«, begann sie nun wieder – doch ich unterbrach sie sofort.

»Zn.«

»Bitte wie?«

»Zn«, machte ich noch einmal so laut, wie man zwei Konsonanten hintereinander nur irgendwie hörbar aussprechen kann. »Bre-ZN.«

»Ach du lieber Jott, hahaha!«, lachte Frau Hassloch lauter als nötig. »Na jut, also eben die Brezen, was …«

»Nein!«, ging ich sofort wieder so laut dazwischen, dass der Arno sich besorgt umschaute. »ZN«, machte ich noch einmal, nicht ganz so aggressiv: »Also nicht ZEN, sondern ZN. BreZN. Bitte.«

»Brez…zen«, versuchte sie zu wiederholen.

»BRE-ZN!«, entglitt es mir da so laut, dass aus dem nahe gelegenen Waldstück ein Schwarm Vögel aufstieg. »B. R. E. Z. N. Nur ein E und dann ein ZN. ZN. ZN.«

Arno hatte sich nun zu uns zurückfallen lassen und hob beschwichtigend die Hände: »Herbie … bitte …«

»ZN!«, brüllte ich ihn reflexhaft an, korrigierte mich aber gleich: »Ach Schmarrn, ich mein: HARRY, nicht Herbie!«

»Sie heißen gar nicht Herbie?«, fragte Frau Hassloch dazwischen.

»Jetzt lenken's nicht ab!«, entgegnete ich. »Wia hoast des?«

»Wie … was …?«, stotterte die Dame, aber Arno verstand: »Mein Münchner Freund hätte gerne, dass du noch einmal versuchst, das Wort Bretzel richtig auszuspr…«

»Ja spinnst du und sagst ihr des wieder falsch vor!«, schimpfte ich aufgebracht: »Es hoast ned Bretzel, Brezel oder Brezen, es hoast …«

»Moment mal, Herbie Dear!«, bremste mich da der Arno: »Wenn es mehrere Bretzeln sind, dann heißt es doch auch hierzulande Brezen, oder nicht?«

»Mehrere ›Bretzeln‹ heißen bei uns gar nix, weil so etwas existiert hier überhaupt gar nicht!«, schnappte ich sachlich völlig richtig zurück.

»Also im Rest von Deutschland und der Welt …«, versuchte Frau Hassloch dazwischenzuschieben, aber sie kam nicht weit.

»Des ko scho sei, dass des sonstwo sonstwie hoast!«, unterbrach ich sie. »Es geht aber drum, wie HIER die BREZN HOAST!«

»Aber gerne!«, rief da der Marshmallow Man zu uns nach vorne.

Verwundert drehten wir uns alle zu ihm um.

»Gern was?«, fragte mein Freund Arno, und der Marshmallow Man runzelte die Stirn. »Habt ihr mir nicht gerade eine Pretzel angeboten?«

»BREZN!«, schrie ich so laut, dass sich die Stimme einmal öfter überschlug als der Fünfer-Looping auf der Wiesn.

»Ja, was auch immer, Sie komischer Mann«, entgegnete der Marshmallow Man ganz ruhig, was mir insgeheim sogar ein bissl imponierte. »Auf jeden Fall hat irgendjemand von euch gefragt, ob ich eine Pretzel will, und die Antwort lautet ja, ich hätte gerne eine.«

Da lachte der Arno laut auf: »Ach so, nein, der Herbie hat doch nur gerufen … äh …«

»Wie hier die Brezn hoast!«, wiederholte ich noch einmal und begriff es dann auch endlich. Der Marshmallow Man hieß ja nur in meinem Kopf Marshmallow Man. Für alle anderen hieß er Horst Borken, und natürlich musste er denken, dass ich ihm eine Brezn anbieten wollte, wenn ich laut »… HIER … BREZN HOAST« über den Schliersee schrie.

Also um anzunehmen, dass ich dem Horst hätt brühwarm mitteilen wollen, dass es hier vorn bei mir Laugengebäck zu holen gab, musste man wirklich brutal saupreißisch im Schädel sein.

»Isch weiß wirklisch nit, wat du von mir willst, Jung«,

brummelte Frau Hassloch und beschleunigte ihren Schritt. »Ihr Münschner seit e seltsamet Jewächs …«

Ich bemerkte, dass Arno eine seltsame Bewegung mit der Hand in der Luft machte.

»Was war jetzt das bitte?«, fragte ich ihn, und mein Isarpreiß zuckte mit den Schultern: »Na, das war das erste Häkchen von sieben. Du hast noch sechs meiner Kollegen vor dir, und ich bin gespannt, ob du es dir mit allen verkackt hast, bevor wir auf der Alm sind, oder erst, wenn wir wieder in München anlanden.«

»Für einen Preißn ganz witzig«, brummte ich.

»Freut mich, wenn es von dir kommt. Vielen Dank, Herbie«, gab Arno zurück und legte ebenfalls einen Zahn zu, um zu den anderen aufzuschließen.

Na sauber, das hatte ich ja schon mal toll hinbekommen. Ich musste einfach versuchen, mich diesen einen Tag zusammenzureißen. So schwer konnte das doch nicht sein! Ich ließ mich dafür ein Stückl zurückfallen, bis der Marshmallow Man wieder zu mir aufgeschlossen hatte. Vielleicht konnte ich den ja irgendwie für mich einnehmen.

»Sie hatten gar keine Brezn für mich, richtig?«, fragte er doch glatt noch einmal.

Ich schüttelte den Kopf. »Aber schön, dass Sie es richtig aussprechen«, lobte ich. »Ihre Kollegin hat sich da standhaft gesträubt.«

»Ja, das ist typisch für die Hassloch«, seufzte Marshmallow. »Die sträubt sich sogar dann noch gegen alles und jeden, wenn sie so besoffen ist, dass sie sich am nächsten Tag an nix erinnern kann.« Dann kicherte er seltsam und machte eine verstörend agile Bewegung mit der Hüfte, die ausschaute, als hätt er kurz Dirty Dancing zitiert.

Irgendetwas an dieser Bewegung, gepaart mit dem, was und wie er es gesagt hatte, dem grausigen Sweatshirt-Aufdruck und meinem Gehirnkino, sorgte dafür, dass sich meine Beine doch wieder etwas schneller bewegten, bis ich mehr als zwanzig Meter zwischen mich und den massigen Mamboking gebracht hatte.

Medien und Jura

So holte ich bald Rudi, den »Junior-Consultant«, ein. Bis eben war noch die Karnevalskanone Frau Hassloch neben ihm gelaufen und hatte komisch herumgekichert. Doch als ich aufgeschlossen hatte, nickte sie nur knapp und ging überraschend schnell voraus. Bei ihr hatte ich wohl erst mal verschissen, aber mei, man kann's nicht allen recht machen, und das sollte man auch gar nicht erst versuchen. Apropos …

Der Rudi holte mit einer routinierten Bewegung sein Smartphone aus der Jacke, wischte mit dem Daumen ein Z aufs Display und schaute innerhalb weniger Sekunden in drei verschiedenen Messenger-Services, ob vielleicht irgendeine Nachricht an ihn angekommen war. »Fuck, hier oben hab ich entweder null Netz, oder …«

»… oder keine Sau hat dir geschrieben«, ergänzte ich, gab mir aber Mühe, dass es möglichst scherzhaft klang.

»No way«, antwortete der junge Schnösel doch glatt. »Ich bekomme in der Stunde mindestens fünf PNs, Friends-Requests oder Mails. Wenn da nichts los ist, heißt das einfach nur *No service available.*«

»Alright«, antwortete ich und hatte den Anglizismus

eigentlich ironisch gemeint. Das ging an dem Typen aber völlig verloren.

»Na?«, fragte mich da der Rudi mit einer ausladenden Bewegung, als wär das sein eigener Hausberg. »Zum ersten Mal hier oben?«

»Naa, wir echten Münchner fahren täglich naus, laufen dann zu irgendeiner Alm auffi, dann gleich wieder obi und gehen dann erst in die Arbeit«, antwortete ich. »Ist so ein Traditionsding, das würdest du nicht verstehen.«

»Ah … Hahaha!«, blökte da der junge Lackl los: »Sauwitzig! Echt, saugut! Hab's kurz geglaubt, no Shit! Hahaha!«

Umgodswuin, dachte ich mir, kann das wirklich so ein windiger Arschwurm sein? Wir Münchner bemerken oft recht schnell, wenn sich jemand besonders Mühe gibt, gemocht zu werden. Und das mögen wir dann genau gar nicht.

Trotzdem wollte ich jetzt nicht gleich den Nächsten gegen mich aufbringen, und bei ihm konnte das ja laut Arnos Beschreibung sogar richtig gefährlich für selbigen werden. Also blieb ich vorerst einmal freundlich zu dem intriganten Bürscherl.

»Gefällt's dir denn da in der Rechtsabteilung?«, fragte ich ihn und stellte gleichzeitig fest, dass dies meine allererste Small-Talk-Eröffnung seit zwanzig Jahren war.

»Ja nee …«, antwortete der Rudi, und ich war jetzt tatsächlich gespannt, was kommen würde. »To be honest, mir ist das völlig egal, um welchen content es geht.«

Das fand ich dann doch merkwürdig. »Aha?«, fragte ich und wartete ab.

Der junge Kerl überlegte kurz, dann zuckte er mit den Schultern, und ein komisches Grinsen breitete sich auf seinem schmalen Gesicht aus: »Also eigentlich will ich einfach möglichst schnell Kohle machen, und das geht am besten mit Medien und Jurastudium.«

»Wieso denn des?«, bohrte ich nach, obwohl ich insgeheim schon ahnte, wohin die Reise gehen würde. Ich halt mich aber grundsätzlich bei der Jugend gern mal zurück, denn junge Leute genießen bei mir einen Dummheitsbonus. Grad raus aus der Pubertät, noch keine Ahnung von gar nix, denken, dass Sex immer so läuft wie auf YouPorn, und die Gesellschaft lebt ihnen vor, dass Geiz geil ist und Ego rules. Und da muss man was tun, weil die jungen Leut, die sind ja unsere Zukunft, und die hätt ich ehrlich gesagt gern ein bissl weniger grau, verregnet und verlogen.

»In dem Bereich Medien und Recht gibt's viele schöne Grauzonen …«, erklärte mir der Rudi da mit einer Stimme, die klang, als würde er ein Boardmeeting leiten. »… Und überall dort, wo es viele Unklarheiten gibt, da kann man viel Geld rausziehen. Das find ich gut. Weil mit dreißig will ich eigentlich nicht mehr arbeiten müssen. Da will ich, dass Leute für mich arbeiten, hahaha!«

»Haha«, sagte ich, aber meine Ironie ging spurlos an ihm vorüber, denn der Bub war noch nicht fertig.

»Man muss einfach zusehen, wie man das erreicht, und da darf man sich nicht dumm anstellen«, erklärte er im Brustton der Überzeugung, und mir war klar, dass er mit »dumm anstellen« meinte, dass man sich an den herkömmlichen Moralvorstellungen orientierte.

»Wie haben Sie den Herrn Brüggemann eigentlich kennengelernt?«, fragte er dann so beiläufig, dass ich gleich hellhörig wurde.

»Im Zug, als wir mal beide im Schienenersatzverkehr stecken geblieben waren«, antwortete ich, und das war ja nicht einmal gelogen.

»Aha«, machte der Rudi desinteressiert – anscheinend hatte er gehofft, meine Antwort würde lauten »beim koksen im P1, und am Morgen danach haben wir Surfboards an der Eisbachwelle geklaut« – richtig enttäuscht hat er dreingeschaut, der Rudi-Bubi.

»Und jetzt sind Sie sein … Mentor für die Eingliederung ins Bayerische?«, setzte er dann noch einmal an. »Wie darf ich mir das vorstellen?«

Gar nicht, wollt ich eigentlich zuerst antworten. Aber dann überlegte ich es mir anders. Der Dregghamme[22] war doch nur darauf aus, irgendetwas aus mir herauszuholen, was er gegen den Arno verwenden konnte.

»Könnte ich denn vielleicht auch ins Programm mit aufgenommen werden?«, fragte er dann auch noch.

»Ich würde auch zu gerne in die Münchner Hautevolee aufgenommen werden, denn nur dann kann man es hier auch zu etwas bringen!«

Okay, der Bub hatte also überhaupt nicht verstanden, worum es mir mit dem Arno wirklich ging. Vor den Häuslschleichern[23] der »Hautevolee« zum Beispiel wollte ich ihn ja gerade schützen. Da würde der Rudi außerdem ganz von alleine hinfinden, denn Arsch und Loch geht gut mitnand.

»Naa, ich mach nur Einzelstunden, und das auch bloß, wenn ich eine besondere Begabung seh«, antwortete ich drum.

Der Rudi lachte künstlich. »Aha, haha, in mir sehen Sie die also nicht?«

Und gerade als er diesen letzten Satz herausgearscht

---

22 Dregghamme, der: Dreckhammel, eine rücksichtslose, unverschämte Person
23 Häuslschleicher, der: Unaufrichtiger Mensch, auch ein (schmieriger) Vertreter

hatte, wusste ich, wie ich ihm tatsächlich eine Lektion erteilen konnte – allerdings eine ganz besondere.

»Also, ich hätt da schon was, aber ich weiß nicht, ob das nicht vielleicht eine Nummer zu groß für dich ist«, murmelte ich ihm unvermittelt zu. Die Ohren von dem Batzi wurden so groß, dass ich mich hätt reinsetzen können.

Ich setzte jetzt meine beste Watergate-Stimme auf, verbannte kurz meinen geliebten Dialekt zugunsten des Effekts und beugte mich dann verschwörerisch zu ihm hinüber: »Pass auf, Junge … . Ich bin hier natürlich nicht wegen der albernen Berge, verstehste? Ich bin hier wegen Walström. ›Der Haifisch‹, wie er auch genannt wird.«

»W… was … aber …«, stammelte der Kleine und wurde ganz rot im Gesicht vor Erregung.

»Hey, wenn du es in dem Job zu etwas bringen willst, dann musst du an deinem verdammten Pokerface arbeiten!«, zischte ich ihm zu.

»Okay, okay, klar!«, brabbelte Rudi und wedelte mit den Händen vor seinem Gesicht, als ob das dann weniger auffällig aussehen würde.

»Aber … warum erzählen Sie mir das alles?«

»Weil du die richtige Einstellung hast, Junge«, raunte ich in sonorem Mentorenbass. »Du wirst es verdammt noch mal weit bringen, weil du den Spirit hast. Und das gefällt uns.«

»Uns?«, fragte der Rudi, und ich nickte geheimnisvoll.

»Wir sehen dir schon lange zu, Kleiner. Du bist gut. Richtig gut. Und darum bin ich eigentlich hier. Ich will dir einen Vorschlag machen. Du hilfst uns, den Haifisch zu erlegen, und wir helfen dir die Leiter hoch. Einfach so.« Ich schnippte mit den Fingern.

»Einfach so? Okay, okay … aber …«

»Hey!«, unterbrach ich ihn scharf und zog dabei meine Oberlippe hoch, um actionfilmmäßig die obere Zahnreihe zu entblößen. Eigentlich hätt ich da jetzt gleichzeitig eine Zigarette wegschnippen müssen, aber ich würde für dieses intrigante Scheisserle sicher nicht noch mal mit dem Rauchen anfangen.

»Ich kann dir nicht sagen, für wen ich arbeite. Die Antwort würde dich … verunsichern, okay?«

»Oh, okay.«

»Nur so viel: Wir sind immer auf der Suche nach jungen, talentierten Typen mit Killerinstinkt. Was wir brauchen, ist moralische Flexibilität, die Fähigkeit, alternative Fakten glaubhaft zu präsentieren, absolute Skrupellosigkeit und ein Ego wie ein Scheunentor: groß und breit, aber eigentlich hohl. Verstehst du?«

»Ähm, das mit dem Ego hab ich nicht so ganz …«

»Psst, da kommt wer«, flüsterte ich, als sich Arno wieder zu uns gesellte.

»Na ihr beiden, alles frisch?«, jovialte er uns an, und ich nickte: »Oiss easy, Arno.«

Er schaute den Buben neben mir an und stutzte: »Mensch, Rudi, bekommt dir die Bergluft nicht? Zu viel vorm Rechner gehockt, was? Schau mal, diese Landschaft hier, das ist doch zum Niederknien!«

»Ja, sehr schön, Herr Brüggemann, sehr schön! Echt Wahnsinn, alles so … grün und alles«, beeilte sich Rudi zu schwafeln, und Arno nickte zufrieden.

»Na dann mal nicht schlappmachen, Jungens. Bis gleich. Holloridoo!«

Eigener Isarpreiß oder nicht, für diesen Jodler hätt ich ihm eigentlich spontan die Nase brechen müssen. Aber er war zu schnell wieder weg, und ich hatte ja gerade einen anderen Job zu erledigen.

Sofort wendete ich mich wieder dem Rudi zu: »Der Brüggemann ist auch einer von uns.«

»Was, echt? D… das hätt ich nie gedacht, der ist doch so …«

»Doof, aber lieb? Ja, genau das sollen sie alle denken. Ein Meister seines Fachs, der Brüggemann. Er ist unser bester Mann.«

»Wow …«, staunte der Rudi, »unpackbar …«

»Hell yeah.« Ich nickte grimmig. »Wenn du es dir mit dem Brüggemann jemals verkackst, dann wirst du in keinem deutschsprachigen Wirtschaftsunternehmen mehr einen Fuß in die Tür bekommen. Ich hoffe doch, du hast nicht schon irgendwelche Fuckups auf der Liste?«

»N… nein, das … das … ich …«, stammelte er, und ich schaute mit hochgezogenen Augenbrauen zu ihm rüber: »Schon klar, wir wissen alles. Brüggemann hat all deine niedlichen Versuche in seinem Report vermerkt.«

»Alle? Ich meine … äh …«

»Schon gut, Bubi. Darum bin ich ja jetzt hier. Kleiner Tipp: Der Brüggemann steht total auf Espressio doppio am Morgen, vielleicht kannst du ihn damit milde stimmen. Aber jetzt pass gut auf, denn jetzt will ich dir sagen, was wir von dir erwarten. Bist du bereit?«

»Ja klar! Logo!«, beeilte er sich zu sagen, und ich klopfte ihm zufrieden auf die Schulter.

»Okay, dann hör gut zu: Du wirst mir das Passwort von Walströms Notebook besorgen, außerdem einen Fingerabdruck von seinem Daumen, mit dem er immer sein Smartphone entsperrt. Kriegst du das hin, Junge?«

»Ja, kann sein, also, ja klar …«

»Und du musst dafür sorgen, dass die Hassloch mit dir in die Kiste hüpft.«

»Was? Wieso …«

»Davon werden wir Fotos machen, und die werden wir Walström zuspielen. Da er schon seit drei Jahren was mit ihr hat, aber eifersüchtig ist wie ein tollwütiger Pfau, wird er sie unter fadenscheinigen Gründen sofort feuern.«

»W... okay, aber ... Moment, dann wird er mich doch auch feuern, oder nicht?«, entgegnete Rudi, und ich war schon wieder beeindruckt, was für eine lurade Loas[24] der Kerl war.

»Nein, denn wir sorgen dafür, dass Walström *dir* den frei gewordenen Posten anbieten muss: Du wirst ihm einfach unsere Fotos von ihm mit der Hassloch zeigen und drohen, dass du diese seiner Frau zuspielst.«

»Boah, das ist ja genial!«, platzte es begeistert aus dem Scheisserle heraus. »Wie krass ist das denn?«

»Das ist noch gar nichts, Junge«, winkte ich ab. »Weißt du, was wirklich krass ist?«

»Nein, sagen Sie es mir!«

Ich blieb abrupt stehen, schaltete meine Synchronsprecherstimme ab und schaute ihm tief in die Augen: »Krass ist, dass du mit Abstand der windigste, intriganteste und verlogenste Karriere-Kotzbrocken bist, den ich in meinem ganzen Leben jemals hab kennenlernen müssen.«

»Was ... wieso ...«, stammelte er los.

»Wieso woas i ned«, unterbrach ich ihn. »Aber eins sag ich dir ganz deutlich: Wenn du jemals irgendwas startest, und mein Freund Arno kriegt dadurch ein Problem, dann ...«

---

24 Lurad, von luren = (heimlich) schauen, voyeuristisch
    Loas, die: Laus, eigentlich ungepflegte »verlauste« Person, meistens aber verwendet für unehrliche, unmoralische Personen.

Ich griff in meine Jackentasche und drückte kurz auf den Aktionsbutton von meinem Handy, sodass der Sprachassistent sich öffnete. Erst dann holte ich es raus und hielt es ihm vor die Nase. Auf dem Display hopste nun wieder die Sinuskurve zu allem, was das Mikro hörte – ganz so, als hätte sie das die letzte Viertelstunde über getan.

»… dann geht diese Aufnahme von unserem Gespräch an die komplette WhatsApp-Gruppe, und du kannst dir einen anderen Laden suchen, wo du dich bis ganz nach oben arschlochen kannst. Host mi?[25]«

Der Rudi schluckte, und ich steckte mein Handy wieder ein. Dabei hielt ich mit dem Daumen den kleinen Lautsprecher an der Unterseite zu, denn es hätte dem Moment schon ein bissl die Dramatik genommen, wenn der Sprachassistent jetzt gefragt hätte, ob ich das Ganze bitte noch einmal wiederholen würde.

»Ob. Du. Mich. Verstanden. Hast?«, fragte ich noch einmal überdeutlich.

Rudi nickte. Er war jetzt so bleich, dass ein ganz winziger Funken Mitleid in mir aufflackerte. Der erstarb aber gleich wieder bei dem Gedanken, was der Saubazi der Frau Hassloch angetan hätt, nur um mit dreißig seinen ersten Porsche zu Schrott zu fahren. Selbst diese übergriffige Konfettibombe mit der Lautstärke einer Großbaustelle und der Empathie eines Güterzugs hatte das nicht verdient.

»Ich hab verstanden«, sagte da der Dschunior.

»Braver Bub«, antwortete ich und stapfte bergauf davon, ohne mich noch einmal umzudrehen.

Ob das jetzt alles pädagogisch so wertvoll war, weiß ich

---

25 Host mi?: »Hast (du) mich (verstanden)?«

nicht. Auf jeden Fall hatte ich meinen gutgläubigen Isar-preißn Arno damit bestmöglich vor dieser Mistkrampen[26] geschützt.

Wie heißt es bei den Pfadfindern: Jeden Tag eine gute Tat. Das war schon mal ein Anfang.

---

26 Mistkrampen, der: Ungezogenes, unfolgsames Kind

Nicht mehr weit

Wir waren grad einmal ein halbes Stünderl unterwegs, aber trotz der Banalität dieser Unternehmung, die des Begriffs »Bergwandern« unwürdig war, fühlte ich mich doch wieder einmal arg wohl hier. Die freie Sicht auf den Schliersee wirkte wie eine dreidimensionale Postkarte. Ich blieb kurz stehen und hob den Blick, um die einzelnen Gipfel des Mangfallgebirges wenigstens grob zu identifizieren. Ich bin zwar nicht grad das, was man hierzulande einen »Bergfex« nennt, der sich hier im Schlaf im Kreis drehen und alle Gipfel beim Vornamen nennen könnt, aber ein bissl was weiß ich schon.

Leider kam ich nicht weit, denn schon trötete es mir entgegen: »Na, nu mal nich schlappgemacht, is doch nich mehr weit, hahaha!«

Ich drehte mich um und sah, dass mir eine Gruppe von vielleicht zehn Touris entgegenkam. Der größte war auch gleichzeitig der lauteste. Lachend zeigte er auf mich und dann nach oben: »Oben gibt es ein leckeres Bierchen, das wird Sie doch hoffentlich motivieren, hahaha!«

Ich hatte sofort ein paar Hundert allerfeinste Retouren

auf der Zunge, und normalerweise hätt ich dem Nasen-draller[27] auch gleich eine erlesene Auswahl davon in sein dummes Gfries[28] geschossen, damit er sich gleich aus-kennt.

Aber tatsächlich hatte mich die schöne Aussicht so weit heruntergekocht, dass ich es erst einmal mit einer ganz normalen Antwort versuchte.

»Ich hab mir bloß a bissl die schöne Aussicht ange-schaut«, antwortete ich also wahrheitsgemäß und drehte mich wieder weg. Sogar ein halbes Lächeln schaffte ich, und ganz ehrlich, da war ich schon ein wenig stolz auf mich.

Anscheinend verstand der Kaschberlkopf[29] das aber anders: »Na, da müssen Se jetzt nicht gleich so unfreund-lich sein! Na ja, das Bergvolk, man liebt es oder man hasst es, meistens ja Letzteres, hahaha!«

Ich rollte mit den Augen und schnaufte einmal ganz tief durch. Kurz kam ich mir vor wie der Bud Spencer, wenn ihm jemand grad wieder einen Stuhl naufghaut hat. Er sucht ja wirklich nie Streit, der Buddy. Aber man-che Leut, die schreien halt so laut nach einer Bockfotzn[30], was will man da machen. Langsam drehte ich mich um und schaute dem Hirntoni hinein ins Gsicht. Der war tatsächlich stehen geblieben und ein paar seiner Hof-schranzen auch. Denen war die Vorfreude anzusehen,

---

27 Nasendraller, der: Hanswurst, Kasperl
28 Gfries, das: (dummes) Gesicht
29 Kaschberlkopf, der: Depp
30 Bockfotzn, die: Nicht zu verwechseln mit dem andernorts geläufi-gen, abfälligen Wort über das weibliche Geschlechtsteil ist »die Fotzn« tatsächlich das Gesicht im Bayerischen. Drum ist die »Bock-fotzn« auch die Ohrfeige – mutmaßlich mit der Heftigkeit eines Paarhuftritts –, und der »Fotznhobel« ist natürlich die Mundhar-monika.

einige kicherten schon, als würden sie sich innerlich die Hände reiben. Anscheinend war er wohl bekannt für seine wahnsinnig lustigen Sprüch. Schaumamal.

Der Preißnschädel baute sich vor mir auf und grinste mich überlegen an: »Was is nu los? Haben wir Ihre Kreise gestört?«

»Ja«, nickte ich. »Aber den Archimedes lass ma doch lieber in Griechenland. Nicht dass der dann auch noch unsere Berg rauf- und runterrennt.«

»Oho! Ein gebildeter Bajuware!«, lachte der Nasenbär. »Das ist selten, soll aber vorkommen.«

»Vorkommen darfst du auch noch ein Stückl, aber dann rauscht's, und du kannst dir den Schliersee von innen anschaun, du Preißnbiffe[31].«

Der Kaaskopf lachte in gespieltem Erstaunen: »Hoho, willst du mir drohen, du Bierdimpfel?«

»Nur weil i du zu dir sag, san mir no lang ned per Du, du damischer[32] Doagaff[33]. Und jetz schiab deine Foam-zuzler[34] weiter den Berg runter, damit se si ned verlaffa, und lass mir mei Ruah, mei boarische, bevor i mi ganz vagiss[35]«, antwortete ich in Seelenruhe. Eine der Damen in der Gruppe zupfte nun am Ärmel des Wortführers und murmelte ihm irgendwas von »Lass doch, komm, wir gehen lieber …« zu.

Etwas sehr ruppig riss mein Kontrahent den Arm aus dem sanften Griff der Dame und machte einen Schritt

---

31 Biffe, der: Büffel
32 Damisch: Vertrottelt, gelegentlich auch im Sinne von »schwindelig«.
33 Doagaff, der: Wörtl. »Teig-Affe«, aber eher im übertragenen Sinne zu verstehen, also eine dümmliche Person, die auch so dreinschaut.
34 Foamzuzler: Eher dumpfe Stammtischbrüder mit viel Sitzfleisch, die sozusagen immer nur am Bierschaum herumzuzeln.
35 Lass mir meine typisch bayerische Ruhe, bevor ich mich vergesse.

auf mich zu. Ich blieb, wo ich war. Das schien den Lackl zu verwundern, denn er hatte wohl fest damit gerechnet, dass ich zurückweichen würde.

»Sie legen es also wirklich darauf an, dass wir nun hier mitten in der Sommerfrische die Fäuste sprechen lassen?«, drohte er mir, und ich nickte nur.

»*Die Fäuste sprechen?*«, äffte ich ihn nach und gestattete mir ein Grinsen: »Des woas i ned, ob die so vui zum vazähln ham, deine wachswoachn Fingerl. Aber dafür kannst du ja a bissl lauter plärrn, wenn dir der erste abbrocha is von deine Maniküsteckerl. Auf jedn Foi ham mir da heroben ein ganz ein wunderbares Echo. Da hör ich dich dann no schrein, wenn du scho lang im Sanka liegst.«[36]

Nun zerrten schon drei Leute an meinem Gegner, um ihn dazu zu bewegen, doch bitte einfach weiterzugehen. Doch der war immer noch überzeugt davon, dieses Duell für sich entscheiden zu können: »Ich weise der Fairness halber darauf hin, dass ich seit meiner Jugend einen schwarzen Gurt in Teakwondo trage«, sagte er und stellte sich tatsächlich in eine Position, die gar nicht mal so unprofessionell aussah.

So rein gehirnintern kamen mir nun doch erste Zweifel, ob es so eine gute Idee war, sich jetzt hier auf dem Weg zur Familienalm mit einem Preißn zu prügeln, der noch einmal ein paar Zentimeter größer war als ich, insgesamt einen recht sportlichen Eindruck machte und dazu wohl mindestens grobe Erinnerungen an sein

---

36 Ich kann nicht sagen, ob Ihre wachsweichen Finger so viel zu erzählen haben. Aber dafür können Sie ja etwas lauter schreien, wenn Sie sich den ersten Ihrer gepflegten Finger an mir gebrochen haben. Auf jeden Fall haben wir hier oben ein ganz wunderbares Echo. Da werde ich Sie also noch schreien hören, wenn Sie in Wirklichkeit längst im Krankenwagen weilen.

jugendliches Kampfsporttraining abrufen konnte. Doch so schnell konnte ich natürlich nicht aufgeben. Das wär ja noch schöner! Von einem Preißnhammel besiegt zu Boden gehen? In die eigenen Berg? Ja nia!

»Na guad, dann geh mas o«, antwortete ich und hob meine Fäuste. Die hatte ich tatsächlich seit vielen, vielen Jahren nicht mehr zu Verteidigung oder gar Angriff gebraucht. Die letzte Schlägerei lag schon so lang zurück, dass ich gar nicht mehr genau wusste, was der Grund dafür gewesen war. Ich beschloss, dass es sich bestimmt um die Ehre einer Dame gedreht haben musste, denn das passte auf jeden Fall zu mir.

»Oiso, wos is? Wer fangt oh?«, fragte ich angriffslustig und begann ein bisschen Muhammad-Ali-mäßig herumzutänzeln. »Oder hast es dir anders überl…«

Das »egt« blieb mir im Hals stecken, als mich ein präziser Schlag mitten im Solarplexus traf. Anstatt einer weiteren Silbe hörte ich mich selber nur ungesund quietschend einatmen. Gleichzeitig sank ich am Wegesrand zusammen wie ein Schneemann im Zeitraffer, wollte dabei aber Luft schnappen, was mir einfach nicht gelingen wollte.

»Um Himmels willen, Otto! Was hast du da gemacht? Komm jetzt!«, hörte ich eine resolute Frauenstimme.

»Du hast schließlich angefangen! Der arme Mann!«, sagte ein anderer, und ich sah durch meinen zunehmend verschwimmenden Blick, wie man den Typen von mir wegzog. Eilig entfernte sich die Gruppe aus meinem recht eingeschränkten Blickfeld, und ich erlaubte es mir gnädig, mich stöhnend auf die Seite fallen zu lassen.

Dort lag ich erst einmal ein bisschen herum und wartete halbwegs geduldig, bis sich wieder ein wenig Sauerstoff in meine geprellten Lungenflügel verirrte.

Die schöne Aussicht lag jetzt seltsam seitlich vor mir, als hätt ich die Postkarte hochkant vor Augen.

Aber schee is scho, da heroben …, dachte ich mir zwischen zwei keuchenden Schnaufern. Ich sollt wirklich öfter in die Berge fahren …, vielleicht nehm ich aber beim nächsten Mal einen Holzprügel mit … Schaumamal …

Langsam, ganz langsam ließ dann doch auch der Schmerz nach. Ich richtete mich wieder auf, klopfte mir die Steinchen von Hose und Jacke und tappte schließlich weiter Richtung Schliersbergalm. Jetzt war ich ehrlich gesagt schon ganz froh, dass es nur noch ein paar Minuten waren.

Auf der Alm

Die Schliersbergalm ist nicht die Art Alm, auf der eine Sennerin samt Kühen auf der Weide den Wanderern Brotzeitbrettl mit handgerührter Butter und selbst gebackenem Bauernbrot kredenzt. Sie ist das absolute Gegenteil. Ein Anti-Idyll mit Minigolf, Swimmingpool, Sommerrodelbahn und Alpenroller.

Alpenroller? Ja genau. Das ist eine elektrische Schienenbahn, auf der man in kleinen Retrowagerl durch die unberührte Bergwelt flitzen kann, ganz so, wie das Alpenvolk das seit Jahrhunderten macht. Also wenn das Alpenvolk dafür Zeit findet zwischen all dem Gejodel, dem Besäufnis und dem Minigolf.

Der Arno war natürlich der Erste, der mit seiner kindlichen Begeisterung für alles, was sich bewegt, auf den Alpenroller zugerannt ist.

»Das ist Pflicht für alle, Leute! Pflicht!«, rief er dabei, und schon saß er in einem der eiförmigen Dinger. Dann winkte er ausgerechnet mir zu: »Herbie! Da bist du ja! Komm her, das ist doch genau dein Ding! Hollaridöö!«

Ich war ausnahmsweise froh, dass er mich nicht bei meinem richtigen Namen gerufen hatte, denn man wusste ja nie, ob da heroben vielleicht doch irgendwer war, der mich kannte.

Doch unter dem Decknamen »Herbie« und mit meinem Hut tief im Gesicht war ich verhältnismäßig inkognito.

So konnte ich es auch wagen, dem Arno den Gefallen zu tun und nach ihm den nächsten »Alpenroller« zu besteigen. Ich war zwar noch etwas benommen von meiner Begegnung mit dem Hong-Kong-Pfui-Deifi, aber das Letzte, was ich wollte, war, mir das anmerken zu lassen, geschweige denn, irgendwem davon zu erzählen! Ja nix!

Kaum hatte ich die familienfreundlichen fünfzig Cent in den fraglos dafür vorgesehenen Schlitz eingeworfen, ging es auch schon los. Die ersten Meter zuckelte das Wagerl tückisch in entspanntem Tempo los, und ich leistete es mir, mich geringschätzig zurückzulehnen. Höflich nickte ich den Leuten zu, die mir von einer schmalen Holzbrücke aus zuschauten, und gab ganz den überlegenen Erwachsenen, der den Spaß nur aus Mitleid mit seinen kindischen Begleitern mitmacht.

»Hö!«, rief ich, als das Ding dann doch erstaunlich rasant losraste und sich in die erste Kurve legte!

Sofort hielt ich mit einer Hand meinen Hut fest, denn ich hatte wirklich gar keine Lust, nach dieser Fahrt die Strecke noch einmal abzulaufen, um ihn irgendwo aufzuklauben.

Na ja, ich musste ja auch niemandem was beweisen, Hauptsache, ich brachte das ohne größere Peinlichkeiten hinter mich.

Also griff ich nach dem Hebel, der die Geschwindigkeit regelte, und riss ihn zu mir. Das war leider der zweite Fehler, denn dieser Regler war etwas arg reaktionsfreudig: Augenblicklich setzte der Bremsvorgang ein, das Wagerl stoppte fast komplett, und ich machte einen sehr armseligen Hopser.

Dabei ließ ich nur kurz meinen Hut los, aber dieser dritte Fehler reichte schon aus, dass er mir davonflog. Besonders saublöd war natürlich, dass ich noch schimpfend mit beiden Händen hinterherruderte, als könnt ich den Dietsche[37] mit Gefuchtel und Fluchen besser aus der Luft fischen. Hatte ich da grad sogar wen lachen gehört? Ja super, des aa no.

Nach nur einer Minute war der Geschwindigkeitsrausch auch schon vorbei, danach fuhr der Alpenroller nur noch in quälend langsamer Geschwindigkeit bergauf zurück zum Start.

Dort oben war der Arno gerade damit beschäftigt, die anderen aus unserem Wanderkreis in die Benutzung der Alpenachterbahn zu benzen[38]. Frau Hassloch und der Marshmallow Man hatten einige Mühe, ihre Schwungscheiben in dem Sitz unterzubringen. Dafür saß der Nosferatu so teilnahmslos in seinem Wagen, dass er mir gleich wieder unheimlich vorkam. Zu gern hätt ich gewusst, ob er wenigstens während der Abfahrt mal geblinzelt hat.

Walström und Rudi, der Anal-Intruder, waren nirgends zu sehen. Vermutlich war der Chef direkt zum Kiosk getappt und hatte sich eine neue Stange Zigaretten geholt. Und der Rudi hatte wohl keinen Bock mehr, sich in meiner Nähe blicken zu lassen.

»Mensch, Herb, wo ist denn dein Laubenhütchen hin,

---

37 Dietsche, der: Eher flacher, zerdrückter bzw. leichter Hut, wird gerne auch von Damen auf der (Schnitzel)jagd getragen.
38 Benzen, das: Nörgeln

sag mal?«, rief mir da der Arno zu und deutete auf meinen unbehuteten Kopf.

»Des hab ich eingesteckt«, antwortete ich etwas schneller als nötig. Irgendwie war mir das einfach unangenehm, dass mir auf dem Babyrutscherl die Kopfbedeckung davongeflogen war.

Aber mei, gesagt ist gesagt, also beschloss ich, nachher in einem unbeobachteten Moment nach dem Hut zu suchen.

Auf dem Weg zur Terrasse konnten wir die Hassloch schon lachen hören, bevor sie zu sehen war. Sie hatte wohl Spaß, aber das schien ihr nicht weiter schwerzufallen. Die lacht ja auch Tränen, wenn man ihr einen mittelschlechten Reim und danach einen Tusch in die Ohren bläst. Ach, was red ich, da kann man den Reim sogar weglassen. Der Tusch hat auf den Rheinländer ja einen ganz erstaunlich stimmungshebenden Effekt. Je öfter das blecherne »Dädää« erschallt, desto mehr wird gelacht, geklatscht, getrunken und fremdgegangen.

Wir Münchner dagegen sind nicht unbedingt als die größten Karnevalisten verschrien, und ich schon gleich gar nicht.

Jetzt machte sich die Rechtsabteilung plus Münchner Beisitz erst einmal auf zum beschwerlichen Weg bis hinein in den Biergarten. Wir legten auch diese fünfzehn Meter ohne größere Vorkommnisse zurück, weder Wadelkrampf noch Dehydration konnten uns aufhalten. Mei o mei, was war das für eine »Bergwanderung«! Da waren ja die Anführungsstricherl um das Wort herum länger als der Fußweg!

Ich wollte nur schnell mitgehen, um zu wissen, wo ich die anderen dann in dem Gewusel finden würde. Denn schließlich hatte ich ja noch eine eigene Wanderung entlang der Alpenrollerschienen vor mir, um meinen Hut zu suchen.

Wir hatten ein sauberes Massl[39], denn gerade stand direkt am Rand von der Terrasse eine ganze Familie auf, und wir konnten tatsächlich die Aussicht aus der ersten Reihe genießen.

Kurz erlaubte ich mir ein entspanntes Durchatmen. Der Hut würde sich nicht von alleine wegbewegen, also kein Grund zur Hektik.

Ja, die Schliersbergalm ist mehr so eine Art Alpen-Freizeitpark, aber das tut der Aussicht halt trotzdem keinen Abbruch. Wenn man mit dem Rücken zu der ganzen Suppn sitzt und nicht in die Richtung vom Minigolf schaut, dann ist das schon auch eine wahnsinnig schöne Gegend, in die man da hineinseufzt.

Das Mangfallgebirge mit Brecherspitz, Bodenschneid und Baumgartenschneid über dem Schliersee im Südwesten erhebt das Herz eines jeden Einheimischen und hat auch auf die Touristen eine sichtbare Wirkung. Sogar die Hassloch wurde kurz still und schaute einfach nur in die Berg hinein. Ehrlich gesagt, da war ich schon ein bissl stolz drauf, obwohl es ja nicht direkt »meine« Berge sind. Na ja, irgendwie sind sie es ja doch.

Gerade wollte ich anheben, um mein Wissen über die Umgebung mit der Reisegruppe pflichtbewusst zu teilen, da war auch schon die Bedienung direkt neben uns aus dem Boden gewachsen und räumte routiniert die brutale Sauerei weg, welche die Großfamilie mit ihren vier Kindern auf der gesamten Sitzgarnitur hinterlassen hatte. Vor allem die tausend Ketchup-, Senf- und Mayonaisse-Tüterl waren überall verstreut.

---

39 Massl, das: (Unerwartetes) Glück

Ein kleines bissl konnt ich das sogar verstehen: Ketchup und Majo brauch ich persönlich eher selten bis gar nicht, aber dafür hab ich immer zu wenig Senf! Egal, ob da zwei oder fünf Packerl auf dem Teller liegen, ob ein Glas auf dem Tisch steht oder ein ganzes Fassl: Es ist immer leer, bevor ich meine Würschtl ganz drunten hab.

Ich bestellte eine Maß und einen Leberkas mit Kartoffelsalat, mit extra Senf und extra Senf. Dann schaute ich einmal wichtig auf mein Handy, entschuldigte mich bei der Rechtsabteilung, stand auf und entfernte mich mit Smartphone am Ohr.

Erst als ich die Terrasse verlassen hatte und außer Sichtweite war, steckte ich das Telefon wieder ein und ging zurück zum Alpenroller.

Oiss wegam Huad

Am Einstieg des Alpenrollers angekommen, schaute ich erst einmal den Hang hinunter, ob ich meinen Hut irgendwo sehen konnte. Zu meiner Überraschung spitzte er direkt an der ersten Kurve neben dem Gleis tatsächlich aus dem Gras heraus!

Sauba, dachte ich mir, da muss ich nicht einmal da runterklettern. Das war bestimmt auch während der Fahrt machbar, wenn ich meinen Arm ein bissl ausstreckte. Und wenn's nicht gleich beim ersten Mal hinhauen würde, dann konnte ich ja einfach eine Runde dranhängen. Für fünfzig Cent zumindest finanziell kein Problem.

Allerdings war ich ja nicht alleine auf der Spaß-Alm. Vor mir stand ein kleiner Bub mit seinen Eltern, der überhaupt nicht so aussah, als würde er sich auf die Abfahrt im Alpenroller freuen. Der Unterhaltung nach zu urteilen konnte das auch noch ein bissl dauern.

»Nu stell dich ma nich so an, Maik!«, herrschte ihn der Vater gerade in wunderschönstem Brandenburger Zungenschlag an. »Dit wirst ja wohl jerade noch überleben hier. Ick bin in dein Alter schon janz andere Sachen runter-, ruff- und rumjefahren.«

»Ich hab aber Angst, Papa!«, antwortete der Kleine und tat mir sofort leid. Da wendete sich die Mutter an ihren Maik, legte ihm die Hand auf die Schulter, und ich war kurz erleichtert. Sehr kurz.

»Maikel, echt, dit darf ma ja keem erzählen, wat du hier für ein Theater machst. Nu sind wir extra hier hochjestiefelt, weil du dit Prospekt von hier im Hotel so toll jefunden hast, und stundenlang gabet nüscht anderet! Nu fahrt ihr ma wenigstens een Mal da runter! Sonst erzähl ick deim Kuseng, dem Schastin, wat du wieder für ein Schisshase warst!«

Da fing der Junge an zu weinen, und es war um mich geschehen.

»Entschuldigen's bitte …«, meldete ich mich höflich. »Ich weiß, dass mich das im Grunde nix angeht, aber da geht's am Anfang schon recht rasant um die Kurven, und der Bub ist doch noch recht klein …«

»Wat mischen Sie sich jetzt hier ein?«, blaffte mich die Mutter sofort an und kam mir dabei so nah, als wollt sie mir gleich in die Nase beißen.

Auch der Vater wuchs gleich vor mir in die Höh und klappte seine muskulöse Muckibudenbrust vor mir auf wie ein Tryptichon[40]. »Du wirst ma schön hier den Kleen in Ruhe lassen, allet klar?«

»Ja, ich glaub, Ihr Kind würd wirklich gern in Ruh gelassen werden«, antwortete ich. »Aber ned nur von mir. Jetzt sein's doch ned aso, vielleicht mag er ja nachher dann doch noch fahren, wenn er ein paar Pommes frites und eine Limo bekommen hat.«

---

40 Tryptichon, das: Dreiteiliges Bild, in diesem Zusammenhang und meistens im bayr. Raum ein Altarbild, bei dem man die Seiten einklappen kann.

»Ja klar, und wofür hab ick bein Frühstück die Schrippen jeschmiert? Neenee, nüscht mit Pommes, die haben wir zu Hause jeden Tach frisch ausser Friteuse, dit muss nu nich auch noch hier in Urlaub sein!«, schimpfte die Mutter und wendete sich wieder an ihr Kind: »So, Maik, du setzt dich jetzt ma schön tapfer da rin und hör jetzt ma auf mit dem Jeheule, ick hab schon wida Jebimmel inne Ohren.«

Saublöde Menschen gibt's überall, das weiß ich auch. Freilich gibt's auch bei uns in Bayern genug Leut, die ihre Kinder so beschissen erziehen, nur damit die dann auch ganz sicher ebensolche Deppen werden wie ihre Eltern. Und ich sag's jetzt noch einmal deutlich, ganz speziell für alle Leser aus nichtbayerischen Gefilden: Wenn die zwei aus der Münchner Au kämen und ihren Buben an der Isar in feinstem Münchnerisch genauso angebellt hätten, weil er nicht in die Stromschnellen hupft wie früher sein saublöder Vater, dann hätt ich da ganz genauso gehandelt. Und Sie alle gefälligst auch. Weil so geht's ja wirklich ned!

Andersherum gesagt: Das Elend da direkt vor mir war jetzt halt auch keine Hilfe bei meinen halbherzigen Versuchen, die lang gehegten und gepflegten Vorurteile über den Großraum Berlin und Brandenburg aufzuweichen.

Eine Diskussion war ganz eindeutig sinnlos, und ehrlich gesagt spürte ich in den Rippen auch noch den Schlag vom Kung-Fu-Kranich. Ich hatte keine Lust, dass mich dieser Steroidenballon mit seinen Popeye-Armen in den Schwitzkasten packelte. Ich musste die Situation also anders lösen.

Einer Eingebung folgend suchte ich in meiner Jackentasche nach der Einkaufswagenmünze. Und tatsächlich fand ich sie sofort. *Natürlich* hatte ich heute genau diese Jacke an, denn ich war ja nicht beim Einkaufen, sondern beim Bergwandern.

»Wissen's was? Sie haben recht! Ich lad Ihren Bub auf eine Fahrt ein!«, rief ich, und bevor mich irgendwer aufhalten konnte, hatte ich die Plastikmünze schon in den Fünfzig-Cent-Schlitz geschmettert. Dort blieb sie auch gleich ganz wunderbar stecken, das Lamperl an dem Kasten zeigte »rot«, und ein Summton ertönte: Es hatte sich mittelfristig erst einmal ausgealpenrollert.

»Oh. Kaputt«, sagte ich lapidar und zuckte mit den Schultern. »Tut mir wahnsinnig leid. Ohne Schmarrn jetz.«

Das war meine zweite gute Tat an diesem Tag, und langsam fand ich Spaß daran.

Den Eltern des Jungen stand natürlich der Mund offen, und ich warf einen Blick in die Dentalruine des Vaters: »Bei der 18 oben rechts und der 74 unten links müssen sie dringend mal nachschauen lassen, da kann man noch ein bissl Zahnweiß sehen, und das passt nicht zum Rest. Pfiagod, ich muss jetzt meinen Hut suchen.«

Ich leistete mir noch ein Zwinkern in Richtung des kleinen Buben und schaute dann zu, dass ich möglichst schnell die Böschung runterkam, um endlich meinen Didsche aufzuklauben. Das ganze Theater hatte jetzt auch schon wieder ein paar kostbare Minuten länger gedauert als geplant, und inzwischen wurde bestimmt mein Leberkäs kalt und das Bier warm.

Womit ich dann doch nicht gerechnet hatte, war der Popeye-Papi, der erstaunlich schnell aus seiner Starre aufgewacht war und es doch noch schaffte, mir einen wütenden Stoß ins Gnack[41] mitgeben zu wollen.

Womit aber *er* nicht rechnete, war, dass plötzlich der Arno zwischen ihm und mir stand. Er war auf der Suche

---

41 Gnack, das: Genick

nach mir gewesen, hatte von Weitem gesehen, dass ich in irgendwas verwickelt war, und schon war er zur Stelle, um sich heroisch für mich ins Feindesfeuer zu werfen. Er is scho a ganz a Liaba, der Arno.

Dass er die ganze Sache damit aber nicht besser machte, gehört jedoch ebenso zu den ungeschriebenen Regeln ewigen Preißntums. Die flache Hand des Brandenburgers traf nicht mich, sondern den Arno hart an der Schulter. Der drehte sich herum, traf dabei doch glatt mit der anderen Hand den Brandenbrunzer voll im Gesicht, was so laut klatschte, als hätt sich jemand in Schneeengel-Haltung Bauch voraus in den Swimmingpool fallen gelassen.

Der Typ plärrte wütend auf, seine Frau schrie, die Leute im Umkreis drehten sich erschrocken herum, und der Arno …

Ja, der Arno torkelte rückwärts, suchte nach Halt, fand ausgerechnet mich, und schon überschlugen wir uns in trauter Parallelität wie zwei Kunstturner entlang der Alpenrollergleise.

Für den Moment wusste ich überhaupt nicht mehr, wo Himmel, wo Berg und wo Magen war. Dann erkannte ich aus dem Augenwinkel etwas Gelbes und packte sofort beherzt zu. Gleichzeitig nützte der Arno meinen Arm als Halt, und das war für ihn fatal …

Haben Sie schon einmal einen elektrischen Weidezaun angefasst? Es ist nicht lebensgefährlich, und man trägt keine bleibenden Schäden davon, der Schreck ist wohl noch das Schlimmste an der Sache. Man lässt halt schnell wieder los oder man bieselt[42] für kurze Zeit in eine andere Himmelsrichtung.

---

42 Bieseln, das: Urinieren

Ist man aber gerade im Sturz befindlich, und das Einzige, woran man Halt findet, ist ausgerechnet ein Elektrozaun … dann ist das schon arg blöd. Denn wenn man sich an irgendwas festhält, dann tut man das entsprechend hermetisch und nicht unbedingt mit dem Gedanken, dass man sofort wieder loslassen sollte.

So durchschossen mich die gepulsten Stromstöße ein paar wenige, aber intensive Sekunden, was mir selbst aber gar nix ausmachte, denn am Ende hing ja leider der Arno!

Und drum tat der erst einmal ein paar recht seltsame Dance Moves, zusammen ein paar Ausrufen, die klangen wie eine schlechte Hannoveraner James-Brown-Kopie.

Endlich ließ ich den Zaun los und wir rollten aus Gewohnheit erst einmal noch ein bisschen weiter den Berg runter. Der Arno legte diese letzten Meter allerdings nicht nur stürzend, sondern auch willenlos zuckend zurück, was von der Holzbrücke über mir betrachtet sicher sehr lustig aussah.

Was aber ein echter Münchner werden will, der lässt sich natürlich nix anmerken! Keinen Schmerz nicht, keine Stromschläg nicht und keine Peinlichkeit schon gleich überhaupt nicht.[43]

Der Arno gab sich also wirklich alle Mühe, die Zuckungen zu unterdrücken, die sein Körper arg gern in unregelmäßigen Intervallen ausgeführt hätt. Er bekam es sogar hin, meinen Hut aufzuheben, der direkt vor ihm lag, und diesen gleich beim dritten Versuch auf meinem Kopf zu platzieren. Die ersten beiden Male zuckte er leider links und rechts daneben.

---

43 Inflationäre Verneinungen sind ein typisch bayerisches Stilmittel und heben sich nicht gegenseitig auf, vgl.: »We don't need no education.«

Erhobenen Hauptes machten wir uns schweigend an den Aufstieg und waren dann schon beide erleichtert, dass der Bodywuidling[44] nicht mehr da war. Immerhin hatte er ja unseren Doppelsturz verursacht, und er hatte völlig richtig kombiniert, dass wir ihn danach nicht unbedingt auf eine Maß einladen würden.

Na ja, den Bub hatte ich zwar nicht vor seinem gachgiftigen[45] Vorgwachs[46] gerettet, aber immerhin vor einer Alpenrollerfahrt. Und der Arno hatte die Kugel abgefangen, die für mich bestimmt gewesen war.

»Dankschee Arno, des wär aber nicht nötig gewesen«, raunte ich ihm zu. »Und insgesamt weniger schmerzhaft ...«

Der grinste und raunte zurück: »Einer für alle, mein Lieber.«

---

44 Wuidling, der: Wilder Mensch – ungestüme, ungehobelte Person
45 Gachgiftig: Jähzornig
46 Gwax oder Gwachs, das: Gewächs im Sinne einer Wucherung am Körper, kann aber auch positiv bewundernd eingesetzt werden: »Der is scho a besonderes Gwachs.« Harrys »Vorgwachs« ist also das »Vorgewächs«, das dem Jungen voranging → die Eltern.

Ein Bayernplanet

D a isser!«, rief der Arno fröhlich in die Runde, als wir zurück am Tisch zur schönen Aussicht ankamen.

»Na, wo habt ihr beide denn so lange gesteckt?«, fragte die Hassloch, obwohl sie der Dampfnudel mit Vanillesoße vor sich entschieden mehr Interesse widmete als unserer Rückkehr.

»Ach nirgends«, antwortete der Arno ein bissl zu schnell. »Wir haben uns … umgesehen. Hier und … weiter unten. Wo man … was man hier so …«

Der Walström schaute ihn fragend an, und ich hätt den Arno am liebsten geschüttelt, bis ihm der Hirnknochen wieder einrastet.

Nicht einmal gscheit lügen könnens, die Preißn.

»Ich sag's, wie's is!«, rief ich. »Ich wollt flüchten, und er hat mich zurückgeholt.« Dann lachte ich für meine Verhältnisse recht überzeugend über diesen Spitzenwitz und erntete ein paar halbwegs wohlwollende Schmunzler. Immerhin, mehr braucht es nicht, um einen hungrigen Preißn vom Thema abzulenken. »Außerdem muss ich mir jetzt erst amal meinen Leberkas neischiam, der wird ja nicht wärmer, im Gegensatz zum Bier.«

Also setzten wir uns, und ich war froh, als ich dann was im Mund hatte und nicht mehr reden musste. Der Arno hatte nur ein paar Wiener mit Semmel bestellt und diese dann auch recht schnell eingeatmet. Wie er es schaffte, dabei Senf *übrig zu lassen*, war mir ein Rätsel. Vor ihm lagen glatt zwei ganze Packerl. Davon war nur eins geöffnet, und das war offensichtlich auch noch halb voll! Der Wahnsinn …

Mein Isarpreiß bemerkte den Blick und lachte: »Hahaha, du kannst den Rest gern haben, Herbie! Aber dann musst du mir auch mal erklären, wie man diese Dinger so aufmacht, dass da auch richtig was rauskommt. Hab wieder nur so ein kleines Eckchen aufgerissen und länger gebraucht, den Senf da rauszudrücken als die zwei Würstchen in mich rein.«

»Des wenn ich wüsst«, antwortete ich. »Dann wär ich jetzt reich. Derf i?«

»Bedien dich«, antwortete der Arno und schob mir die zwei Senftpackerl entgegen.

Walström und Nosferatu mümmelten beide an ihren Brotzeittellern herum, der Marshmallow Man räumte die Reste einer Schweinshaxn auf, und Rudi Arschkatheter … na ja, der war vielleicht gerade auf der Toilette, um den Teufel auszukotzen, was weiß ich.

»Herbie, alter Geschäftemacher!«, rief mir der Arno zu.

»Hab vorhin schon berichtet, dass du mich damals vor dem Pacha gerettet hast, indem du vor ein paar Autos gesprungen bist.«

»Ähm … ja, das …«, brachte ich gerade so heraus.

»Bin ich dir immer noch dankbar, alter Junge!«, lachte mein ewig gut gelaunter Isarpreiß. »Nicht auszudenken, wenn ich nun einer von den After-Work-Aftern wäre, oder?«

Die Hassloch hatte es endlich geschafft, den riesigen Brocken Dampfnudel runterzuwürgen: »After Work? Wat is denn daran schon wieder verkehrt? Darf man als Bayer denn gar keinen Spaß haben?«

»Nein«, antwortete ich trocken und verzog keine Miene. »Als Bayer nicht und als Münchner erst recht nicht. Wir sind vollkommen spaßbefreit, lachen nie, sitzen nur in Biergärten rum und schweigen uns an. Ab und zu schimpfen wir ein bissl über die Preißn an den anderen Tischen, die uns generell zu laut sind. Unsere einzige Freud ist nämlich, wenn eine Ruh ist, eine boarische.«

Immerhin verstand Frau Hassloch die Ironie und lachte laut. Zu laut. Aber immerhin. »HAHAHA, sehr schön, Herr Herbie, sehr schön! Herzallerliebst beschrieben und vor allem so jenau et Jejenteil vom Rheinländer an sisch, wie meine eine!«

»Ja, so kamma des sagen«, bestätigte ich von Herzen.

Arno winkte ab: »Aber was wäre das denn für eine Welt, wenn alle immer nur an Biertischen säßen und sich anschwiegen?«

»Eine tendenziell schönere«, gab ich zurück. Aber so ernst meinte ich das auch nicht.

Stellen Sie sich das mal vor, wenn der ganze Planet bayrisch wär! Das wäre ja wie in der alten *Raumschiff-Enterprise*-Serie – die mit Käpt'n Kirk, Spock und Pille, Sie wissen schon. Als Kind ist mir das nie aufgefallen, aber wenn ich heut einmal reinzapp, dann sind die immer auf einem Planeten, der tutti kompletti nur eine einzige gesellschaftliche Monokultur hat: ein Römerplanet, ein Mafiosiplanet, sogar ein Naziplanet. Das alles wird natürlich wegen der damaligen Mittel nur durch acht Statisten in entsprechenden Fundusklamotten und mit drei Pappwänden dargestellt, aber wichtig ist ja eigentlich nur, dass der Kirk dann irgendeine Frau ablutscht und durch einen witzigen Kniff den gesamten Planeten vom Joch der Unterdrückung befreit. Ich schau's heut noch gern, weil diese Serie schon damals mehr zu sagen hatte als vieles, was man uns zumindest im deutschen Fernsehen zum Fraß vorsetzen mag.

Aber jetzt stellen Sie sich doch mal vor, die Enterprise-Crew beamt sich runter auf einen Bayernplaneten …

»Was … ist das für eine … Kultur, Spock?«

»Nun, Captain, es scheint so, als hätten die Bewohner dieses Klasse-M-Planeten vor langer Zeit ein Bild-und-Ton-Signal von der Erde aufgefangen und das als Nachricht einer Gottheit interpretiert.«

»Ein Bild-und-Ton-Signal, Spock?«

»Eine sogenannte Fernsehübertragung, Captain. Es scheint sich um einen Unterhaltungsfilm aus dem Erdjahr 1964 zu handeln, der den Titel *Lausbubengeschichten* trägt und die Jugend des Schriftstellers Ludwig Thoma Ende des neunzehnten Jahrhunderts in seinem bayerischen Heimatdorf behandelt.«

»Verdammt, Spock, Sie grünblutiger Goblin, wollen Sie damit sagen, diese Menschen leben nun auf dem ganzen Planeten so, wie es die Schauspieler in dieser Übertragung dargestellt haben?«

»Die Fakten sprechen dafür, Doktor McCoy. Und auf Vulkan gibt es keine Goblins, was es haltlos macht, mich als einen solchen identifizieren zu wollen.«

»Pille, Spock, was hat dieses Missverständnis für … Auswirkungen auf die Bewohner dieses Planeten?«

»Na ja, Jim, ich kann dir auf jeden Fall bestätigen, dass 99,9 Prozent der Bewohner hier an Fettleibigkeit leiden. Rotfleisch, mitunter stark gewürzt, viel Fett in allen möglichen Formen und Konsistenzen, dazu Alkohol in rauen Mengen, bei gleichzeitigem Jodmangel und einer Tendenz, sich nur zu bewegen, wenn es absolut nicht anders geht.«

»In der Tat, Captain, die Messungen der Enterprise zeigen, dass der gesamte Planet übersäht ist mit den gleichen klappbaren Sitzgarnituren, wie wir sie auch hier vor uns sehen. Es scheint, als säßen die Bewohner auf ihnen mehrere Stunden pro Tag.«

»Unsinn, Spock, niemand kann länger als dreiundzwanzig Minuten darauf sitzen, ohne sich massiven Haltungsschäden auszusetzen!«

»Zugegeben, Doktor, wenig von dem, was wir hier beobachten, wirkt, als wären die Bewohner dieses Planeten an einer gesundheitlich unbedenklichen Lebensweise interessiert. Und doch halten sie alle daran fest. Seit Jahrhunderten. Faszinierend.«

»Unterschätzen Sie nie den Willen der menschlichen Spezies, Spock. Wenn wir etwas wirklich wollen, dann schaffen wir es auch. Und wenn es das lebenslange Ausharren auf dafür ungeeigneten Sitzgelegenheiten ist.«

»Das ist höchst … unlogisch, Captain.«

»Genau das macht uns Humanoiden so interessant, Spock.«

»Interessant und äußerst ungesund, Captain. Ich rege an, diesen Planeten wieder sich selbst zu überlassen. Die Erste Direktive der Föderation erlaubt uns keine Einmischung in die Entwicklung dieser …«

»Nicht so schnell, Spock. Ich denke, wir sollten noch ein paar Nachforschungen anstellen. Natürlich inkognito. Kirk an Enterprise: Hier spricht der Captain. Ich ordne Landurlaub für die gesamte Crew an. Bitte versorgen Sie sich über die Replikatoren mit der planetenweit üblichen

Tracht. Viel Spaß und ein Prosit der Gemütlichkeit. Kirk aus.«

»Aber Captain …«

»Ein Tipp. Besorgen Sie sich einen Hut, Spock. Ich muss nun dieser jungen Dame dort drüben helfen, sie scheint Unterstützung beim Tragen zu benötigen.«

»Aber … sie trägt doch gar nichts, Captain.«

»Doch. Holz vor der Hüttn. Hollereidulijö, Spock.«

Spock zieht eine Augenbraue hoch. McCoy lacht und bestellt sich eine Maß.

Gelber Bär in Lederhosen

Im Endeffekt hätten wir mit einer Star-Trek-Episode wie der eben beschriebenen aber nur das Klischee bestätigt, das weltweit über uns Münchner, Bayern und sogar ganz Deutschland vorherrscht.

Falls Sie einmal Disney World in Florida besuchen, dann schauen Sie sich doch mal das sogenannte World Showcase an. Da läuft man eine gemütliche Runde um einen künstlichen See und macht dabei eine kleine Weltreise durch die destillierten und komprimierten Klischees von elf Ländern. Deutschland wird repräsentiert durch einen Nachbau vom »Platzl« in München samt Hofbräuhaus und Biergarten. Dazu gibt's ein bissl Fachwerk, Mitarbeiterinnen im Dirndl und Winnie the Pooh in Lederhosen.

Von außen betrachtet kann man sagen: Deutschland = Bayern. Die Frankfurter und Hamburger kommen nur nebenbei vor, und zwar als Würschtl und als Fleischbatzen. Der Rest sind Autos und 1001 Brotvarianten, die uns vor allem die Amis arg neiden. Ach ja, und den Hitler, den haben wir ja auch noch. Dafür kaum technischen Fortschritt. Jeder, der länger in den USA gelebt hat, kennt diese Fragen wie »… um … you still have that Hitler-Guy?«

Wenn man dann antwortet, dass wir eine demokratische gewählte Bundeskanzlerin namens Angela Merkel haben, dann kommt: »A yeah, right, Merkel. So … what is *she* doing about that Hitler-Guy, then?«

Mir hat ein Hotelangestellter in New York einmal unser Hotelzimmer gezeigt, dann mit verheißungsvollem Blick die Fernbedienung des Fernsehers in die Hand genommen und gesagt: »Now … watch THIS.«

Dann ging halt der Fernseher an. Wir haben ihn fragend angeschaut, und er war offensichtlich enttäuscht. Dann hat er kurz überlegt und sich noch einmal versichert: »You're German, right?«

Ich hab das bestätigt. Dann hat der doch glatt gesagt: »So … in Germany … you *do* have color TV?«

Wir halten also fest: Von außen betrachtet ist Deutschland so wie der oben beschriebene Bayernplanet, mit Hitler an der Macht, plus die modernsten Autos … aber leider nur Schwarz-Weiß-Fernsehen.

Jetzt einmal ganz ohne Schmarrn: Dagegen sind meine Klischees über die Preißn ja druckfähige Sozialstudien!

Wenn Sie also gerade mit dem Gedanken spielen, mir Vorurteile und Schwarz-Weiß-Malerei vorzuwerfen, dann schreiben's doch erst einmal an: Disney World, Epcot Center/World Showcase, und versuchen Sie denen mal zu erklären, dass wir in Deutschland nicht alle aussehen wie ein gelber Zeichentrickbär in der Krachledernen. Man wird Sie für verrückt halten, denn »everybody knows what a german looks like!«.

◆ ✿ ◆

Der Arno riss mich aus meinen philosophischen Über-
legungen: »Herbie, wie sieht es aus mit dir? Noch ein
Bierchen?«

Ich nickte, winkte aber gleichzeitig ab, was meinen
preußischen Freund erst einmal verwirrte: »Also was
jetzt …«

»Arno«, startete ich und wartete ein paar Sekunden,
bis er mir wirklich seine Aufmerksamkeit schenkte: »Arno.
Ich nick, weil ich noch ein Helles mag. Ich wink aber ab,
weil es hier nicht ›ein Bierchen‹ heißt, sondern ›a Bier‹.«

»Abbier?«, wiederholte der Arno und lachte los. »Ach
Gottchen, da fallen mir so viele Wortspielchen ein, dass
mir ganz schw…«

»Arno, umgodswuin!«, rief ich laut und hob abweh-
rend beide Hände: »Bitte halt an dich!«

Sie müssen nämlich wissen, der Preiß an sich hat eine
unbandige[47] Freud an Wortspielen. Dabei kommt es nicht
drauf an, dass es inhaltlich viel Sinn ergibt oder dass da
noch eine *Pointe* dabei ist, Gott bewahre! Nein, der einfa-
che Umstand, dass man ein Wort vielleicht auch anders
verstehen oder einsetzen kann, sorgt beim gemeinen
Preißn für einen Sturm der entrückten Begeisterung.

Es geht sogar so weit, dass die Anwendung billiger
Wortspielereien für eine Art von Intelligenzbeweis gehal-
ten wird. Wenn man also als Münchner einfach nur wortlos weiter in seinen Maßkrug starrt, weil aus unserer
Sicht nix zum Lachen, nix zum Verstehen und auch nix
zum sonst wie Reagieren passiert ist, dann wird das gern
als Dummheitsbeweis abgestempelt. Der Münchner
schweigt weiter und denkt sich seinen Teil.

»Abier!«, zitierte der Arno und rammte der Hassloch

---

47 Unbandig: Unbegrenzt, grenzenlos

seinen Ellenbogen in die Seite: »Da könnte man doch vorn beim Eingang ein Schild aufstellen: Abhier nur Abier! Hahaha! Und für die Amis ein extra Schild: ›Things are closer than they Abier!‹ Versteht ihr? Abier, wie appear? Brüller! Hahaha!«

Warum der gemeine Preiß diese seltsame Eigenart hat, direkt nach der – meistens kaum als solche erkennbaren – Pointe selbige noch einmal zu erklären und dann auch noch selbst am lautesten zu lachen, ist mir ein vollkommenes Rätsel. Vielleicht muss er sich selbst den Witz erst noch einmal erklären, versteht ihn dann schlagartig und muss dann eben erst einmal selber lachen. Ich weiß es ja auch nicht.

»Ab hier nur Abier steht auf dem Papier – drum bring'se ma mir noch Abier hier zu mir! Hahaha!«, reimte sich der Arno gerade in Rage, und die Hassloch lachte so schrill, dass sich ein paar Touris erschrocken umdrehten, weil sie dachten, es wär ein Feueralarm.

Tatsächlich hätt ich den Wortspielen vom Arno eine mittlere Feuersbrunst vorgezogen. Mit Flammen, die grad groß genug dafür sind, dass alle davonlaufen. Wahrscheinlich hätt der Arno noch im Wegrennen Abier-Witze gemacht. Sogar wenn er gleichzeitig mit vier Äpfeln jonglieren und sich hätt rückwärts den Berg runterbewegen müssen, wär das noch möglich gewesen! Denn für so einen Schmarrn hat man auch bei exzessivem Multitasking noch genug Hirn frei.

»Arno!«, rief ich nun zum dritten Mal. »Bitte hör auf und bestell einfach eine Maß für mich, dankdarecht[48].«

---

48 Dankdarecht: Ich danke dir recht (schön), eigentlich nicht in einem Wort geschrieben, aber ebenso wie »Habedehre« (Habe die Ehre) als nahezu ein Wort ausgesprochen.

»Abier für dir, gern, dank nicht mir!«, antwortete der Isarpreiß, bei dem ich mir gerade gar nicht mehr so sicher war, ob ich weiter als sein Mentor in der Öffentlichkeit gesehen werden wollte.

Da kam auch der Rudi wieder an den Tisch und setzte sich ans andere Ende der gegenüberliegenden Bank, möglichst weit weg von mir. Irgendetwas an ihm gefiel mir nicht …

Na guad, eigentlich gefiel mir ja gar nix an ihm, aber jetzt war da noch dieser minimale Anflug eines Grinsens in seinem Schießbudengesicht zu erkennen! Gerade schaute er wieder zu mir herüber und dann zum Arno.

Kreizdeifi, was hatte er angestellt, der Bazi[49]!?

---

49 Bazi, der: Ein Schlingel, egal welcher Altersstufe, kann je nach Kontext ironisch oder auch todernst im Sinne von »Gauner« gemeint sein.

Auf der Hut

Ich war mir hundertprozentig sicher, dass der Rudi uns beiden irgendwas eingeschenkt hatte. Die Frage war nur, was.

Sofort schaute ich mich um, aber was hätt der Hundsbeitl[50] hier groß tun können, um uns eins reinzuwürgen?

Unbewusst blickte ich nach unten auf den Holzboden der Terrasse. Warum hatte ich das getan? Angesichts der Lücken in den Holzbohlen fiel es mir tatsächlich sofort wieder ein. Anscheinend war ich doch mehr vom Fernsehen geprägt, als ich mir das selbst eingestehen wollte: Ich hatte tatsächlich überprüft, ob der Rudi unter mir ein kreisrundes Loch in den Boden gesägt hatte, ganz so, wie es sich bei mir dank Bugs Bunny, Inspektor Clouseau und des Beatles-Films *Help* ins Langzeitgedächtnis eingebrannt hatte.

Und da um mich herum nix Auffälliges zu sehen war, außer seinem depperten Gschau[51], und er wohl nicht in

---

50 Hundsbeitl, der: Mistkerl
51 Gschau, das: Wie eine Person dreinschaut, also der Gesichtsausdruck.

der Lage war, mir den Himmel auf den Kopf fallen zu lassen, hatte mein Hirn im Ausschlussverfahren dezidiert, dass das Unglück dann wohl nur von unten drohen konnte. Da war aber auch nix. Hm.

♦ ∞ ♦

Falls Sie sich jetzt fragen, was in meinem Leben falsch gelaufen sein muss, dass ich nur wegen so einem Blick gleich eine dermaßene Paranoia schiebe, muss ich dazu dringend Folgendes anmerken:

Es hat sich im Lauf der Evolution als weise im Sinne von »lebensverlängernd« erwiesen, wenn man seine Umwelt bewusst wahrnimmt. Damit meine ich jetzt nicht die esoterische Version mit Raumenergien, Auren und so einem Zeug. Nein, für die Menschen hat es sich vom Anbeginn der Zeit als gute Idee erwiesen, sich erst einmal umzuschauen und den jeweiligen Aufenthaltsort nach Ein- und Ausgängen, möglichen Deckungen und uneinsehbaren Ecken zu scannen.

Diejenigen, die sich eine gewisse Achtsamkeit angewöhnt haben, leben bis heute tendenziell länger als die, die überall fröhlich winkend reintappen und noch während der gut gelaunten Begrüßung nach unten durch die Falltür wegsacken.

Nennen's mich halt paranoid, des is mir wurscht. Aber ich schau mir schon von klein auf jeden Raum ganz genau an, wenn ich da zum ersten Mal einkehr. Wo geht's rein und wo raus, wo sind die Fenster, damit man sieht, wer sonst noch kommt, von welchem Platz aus hat man einen guten Überblick über den Raum und ist gleichzeitig nicht allzu weit von einem alternativen Ausgang entfernt … und so weiter.

Es ist ja kein bewusster Prozess, sondern eine Art Ange-
wohnheit, die weder Zeit noch Nerven kostet. Ich hab
deswegen keine Angst oder irgendwelche Sorgen. Oder
anders gesagt – ich hab unter anderem *deswegen* keine
Angst. Eben *weil* ich genau weiß, wo ich bin und was
denn so die Optionen wären. In der Schule waren es die
Arschköpf aus der Stufe über uns, später in der Disco
dann die Exfreundin oder der jeweilige Konkurrent, bei
unseren Fahrten in die Bauerndisco am Land war es der
abendliche geschlossene Einlauf der örtlichen Burschen-
schaft – es war einfach immer gut, wenn man wusste, wo
man ist, wer wo ist und wo man sein sollte, wenn die
anderen dann plötzlich da sind, wo man selbst ist. Oder
bis grad eben noch war – denn genau darum geht's ja:
Dass man da, wo man grad war, eben nicht mehr ist,
wenn die, die grad eben noch woanders waren, plötzlich
da hinwollen, wo man selbst ist. War. Sie verstehen mich,
das weiß ich.

Also neben, vor, hinter, über und unter mir war alles in
Ordnung. Der Arno saß auch noch da und war nicht nach
unten ins Tiefgeschoss gebrochen. Das ließ nur noch
eine logische Option zu, warum der Saudepp so ein greis-
liges[52] Grinsen im Gfries[53] hatte.

Es musste irgendwas mit seinem Smartphone zu tun
haben.

Jetzt fragen Sie sich vielleicht, wie ich da drauf gekom-

---

52 Greislig: Schrecklich, hässlich, auch gruselig – im Aussehen wie
   auch in Geschmack, Geruch etc.
53 Gfries, das: (Dummes, seltsames, häßliches) Gesicht

men bin? Das erklär ich Ihnen gern, weil ich bin ja schon auch ein bissl stolz drauf, ehrlich gesagt.

Also gehen wir mal davon aus, dass er mich angrinst, weil er mir meine gelungene Verarsch-Aktion heimgezahlt und den Arno da irgendwie mit hineinverwickelt hat. Bis jetzt war nix zu sehen, es musste also etwas sein, was in irgendeiner Form zeitverzögert oder andernorts seine Wirkung entfalten würde.

Der Ratz war ja außerdem der Überzeugung, dass ich das gemeinsame Gespräch aufgezeichnet hatte, welches eindeutig bewies, was für ein Pfuideife[54] er war. Er würde also keine Racheaktion starten, die eindeutig auf ihn als Urheber hinwies. Er musste eher *zu* vorsichtig sein als zu nachlässig, wenn er nicht riskieren wollte, dass ich die angebliche Aufnahme seinem Chef weiterleitete.

Klar war es theoretisch auch möglich, dass ihm gerade erst die Idee gekommen war, wie er uns eine reinwürgen konnte – aber dann wär's dumm gewesen, mich durch sein blödes Gschau zu warnen. Nein, ich war mir sicher, dass er bereits alles getan und erledigt hatte und sich jetzt sozusagen grinsend zurücklehnen konnte, um das Schauspiel zu genießen.

Da er wohl weder die Bedienung vom Biergarten noch irgendwen sonst auf mich hetzen konnte, ohne dass sich das schnell aufklären ließ und wiederum er als Urheber dessen identifiziert werden würde, blieb ihm als einziges Werkzeug nur sein Handy.

---

54 Pfuideife, der: Sozusagen das personifizierte »pfui Teufel«

Der Klammergriff

Auf eine bestimmte Art mag ich es natürlich, wenn ich recht hab. So wie Sie vermutlich auch. Auf eine andere Art wiederum mag ich es eigentlich gar nicht so gern, denn die Dinge, bei denen ich recht behalte, sind meistens die Dinge, bei denen man einfach gar nicht recht behalten will. Weil sie dann nämlich passieren.

Meine Gedanken rasten, aber ich ließ mir nix anmerken. Stattdessen stand ich auf und streckte mich: »Aah, das Einzige, was ich an Bayern nicht so perfekt find, sind diese Biergartenbankerl, au!«

Die Hassloch lachte zu laut, und der Arno nickte: »Ja, da müsst ihr noch nacharbeiten, Herbie. Ernsthaft!«

Ich hatte meine Streckbewegung aber in Wirklichkeit nur genutzt, um von weiter oben auf die Jacke vom Rudi zu linsen, die er über das Ende des Biertischs gehängt hatte. Ja, das Handy war eindeutig wieder in der Tasche seiner Funktionsjacke gelandet. Und da musste ich ran, es half alles nix.

Als ich mich wieder hinsetzte, lehnte ich mich also ein bisschen weiter über den schmalen Biertisch als nötig und drückte so meinen Unterarm mit vollem Karacho auf die offene Senftube, die ich vorhin vom Arno bekommen hatte. Ein gelber Strahl schoss aus der besagten, viel zu kleinen Öffnung und traf den Rudi so perfekt auf der Brust, dass ich fast einen Jauchzer in die Berg hinein gejodelt hätte.

»Oh Shit, I am so sorry, so sorry!«, rief ich und lief um den Tisch rum. Dann fing ich an, mit allen Papierservietten – egal, ob neu oder benutzt – saudumm an ihm rumzuwischen. Erfreulicherweise ließ sich der Senf auf diese Weise ganz wunderbar über den gesamten Brustbereich verteilen, so schee scho, fast hätt ich laut aufgelacht.

»Ey! Alright, alright! Schon okay, ich mach das, *ich mach das*!«, rief der Rudi topgenervt und sprang von der Bank auf.

»Wenn man sofort mit viel Wasser drangeht, dann kriegt man das gut raus«, rief die Hassloch von der Seite rein, und ich hätt sie am liebsten dafür geküsst. Gott sei Dank war sie zu weit weg.

Aber sie hatte mir abgenommen, was eigentlich *ich* hätte sagen müssen: Der Bazi stöhnte kurz, nickte dann gottergeben und trollte sich in Richtung Wirtshaus, wo die Toiletten waren.

»Mei, tut mir des leid …«, sagte ich. »Hoffentlich bringt er das wieder raus aus seinem Abercrombie & Fitch Turtleneck.«

Dabei setzte ich mich auf dem Rudi seinen Platz, so, als wollte ich die Gelegenheit nutzen, um kurz neben meinem Freund Arno zu sitzen. In Wirklichkeit fischte ich unter der Tischplatte schon in seiner Jacke nach dem Handy.

Was hatte er noch für eine Bewegung gemacht, um das Ding zu entsperren? Ach ja, genau, ein »Z« war es gewesen. Ich leistete mir einen beiläufigen Blick nach unten und setzte mich ein bissl anders hin, als hätt ich nur eine bequemere Position gesucht und gefunden.

»Brutal, diese Bankerl, ich geb's ja zu!«, sagte ich laut und lachte dabei sogar ein bissl. Überrascht sah mich der Arno an: »Na Mensch, guck mal an. Nur zwei Maß, und der Herbie dreht durch!«

»Haha«, machte da jemand schräg gegenüber, und ich registrierte, dass das glatt vom Nosferatu gekommen war. Fragend schaute ich ihn an, und er erwiderte meinen Blick: »*Herbie dreht durch*, Originaltitel *Herbie Goes Bananas*, Vierter Film der Herbie-Reihe von Disney um einen VW Käfer mit Eigenleben, zum zweiten Mal ohne Schauspieler Dean Jones, der im ersten Film seinen Besitzer spielt.«

»Haha, den kenn ich!«, meldete sich da glatt der Herr Walström. »Am besten ist doch die Szene, wo sich die Reifen ausklappen und er an der Wand hochfährt.«

Das Gesicht vom Nosferatu wurde noch ein bisschen schmaler: »Das … ist die vergleichsweise *billige* deutsch-italienische Kopie namens *Dudu* …«

»Dudu! Richtig! Dieses Auto wollte ich als Kind immer haben! Da hätte ich mir glatt den Führerschein gespart, denn die Kiste macht ja alles von allein, hahaha!« Walström klopfte seinem fragilen Mitarbeiter kräftig zwischen die Schulterblätter und erging sich dann erst einmal in einen längeren Hustenanfall. Anscheinend waren seine Lungen nicht daran gewöhnt, die Mengen an Luft zu bewegen, die Walström benötigte, um zu lachen.

Der Nosferatu war also ein Nerd, auch recht. Flog er wenigstens nachts nicht irgendwo herum, um anderen in den Hals zu beißen, weil er damit beschäftigt war, alte Filmklamotten auf Laserdisc anzuschauen.

Ich hatte die willkommene Ablenkung natürlich genutzt, um so schnell wie möglich alle Apps durchzuge-
hen, die der Rudi so offen hatte. Besonders froh machte
mich der Umstand, dass das Smartphone hier oben auf
dem Berg tatsächlich kaum Netz hatte. Was immer er
irgendwohin verschickt oder gepostet oder hochgeladen
haben konnte, es bestand die Wahrscheinlichkeit, dass es
noch nicht rausgegangen w…

Da erschien plötzlich oben bei der Signalanzeige ein
kümmerlicher Balken, und sofort blendete sich auch das
»No Service« aus und der Name des Mobilfunkanbieters
ein!

Sofort schnippte ich das sogenannte Quick Setting
Tray auf und versetzte das Mobiltelefon in den Flight
Mode. Dann wurde ich fündig: Ein Video wartete in einer
App namens »YouTube Capture« darauf, unter dem Pseu-
donym »BavarianBullyZ« hochgeladen zu werden! Ich
suchte den Clip im Video-Ordner, tippte drauf, und fast
hätt ich laut geflucht: Diese Made hatte doch tatsächlich
gefilmt, wie ich angriffslustig mit erhobenen Fäusten vor
dem Cuxhavener Kung-Fu-Cretin herumtänzle, bevor
mir der den Solarplexus zertrümmert! Dann sah man,
wie ich fast aus dem Alpenroller falle, was aber durch
geschicktes Weglassen ausschaute, als würd ich in dem
Ding grundlos randalieren und dabei wütend rumbrül-
len. Aber der Höhepunkt war die Aktion mit dem Meister
Proper aus Mark Brandenburg: Das war allerdings besonders perfide, denn der Rudi hatte natürlich auch hier
alles zuvor weggeschnitten, und so konnte man nur
sehen, wie der *Arno* dem Mann scheinbar aus heiterem
Himmel und aus spontaner Aggression heraus eine saubere Schelln verpasst! Arno haut recht ordentlich zu, die
Frau daneben schreckt zurück, das Kind ist schockiert,

die Leute starren, und wir verschwinden nach unten aus dem Bild, als würden wir einfach abhauen! Leggstmiamarsch[55] …

Fast war ich ein bissl beeindruckt von dem filmgestalterischen Geschick. Erstaunlich, wie sich nur durch Weglassen alles komplett umdeuten ließ. Der Rudi hatte einen Fake-News-Clip hergestellt, der zeigte, was der Harry und der Arno in Wirklichkeit für zwei Arschgeigen waren, und fast wäre der Propagandafilm unter einem Inkognito-Account im Netz gelandet. Von dort hätte der Rudi dann am Montag in aller Seelenruhe eine »verwunderte« Mail an die Kollegen schicken können, in der er sich auslässt, wie sehr man sich in dem neuen Kollegen und seinem bajuwarischen Bully doch getäuscht habe. Wenn man sich diesen Clip anschaute, sah es tatsächlich aus, als hätten da zwei Rowdys mutwillig auf der Suche nach Streit mehrfach unschuldige Leute tätlich angegriffen!

Fraglos untragbar für eine *Rechtsabteilung*.

Da hatte er also gesteckt, als er nicht am Tisch bei den anderen gewesen war! Er hatte mich beschattet und dann die Gelegenheit ergriffen, alle gesammelten Kapriolen zu filmen. Ein bissl einen Respekt hatte ich ja schon vor dem Bub – aber nicht genug, um seinen Plan laufen zu lassen. Sofort löschte ich den Upload und den geschnittenen Clip … aber jetzt musste ich noch schnell die ganzen Einzelschnipsel finden, um sie …

Da sah ich aus dem Augenwinkel, wie sich der Rudi durch die Menge zurück zu uns schlängelte. Somit blieb mir nur eine Chance …

---

55 Ich nehme einfach einmal an, das haben Sie problemlos dechiffriert. Dankschee.

Als er wieder am Tisch stand, erhob ich mich sofort und ging zu meinem Platz zurück. Argwöhnisch beäugte er mich, ich gab mich aber ganz entspannt und setzte mich wieder brav zur Frau Hassloch. Dort war es dank ihrer massigen Schenkel nach wie vor nicht möglich, *keinen* Körperkontakt mit ihr zu haben. Immerhin nahm sie es nicht als Versuch wahr, mit ihr anzubandeln.

Ich arrangierte mich mit dem zur Verfügung stehenden Platzerl und bemühte mich dabei redlich, nicht dauernd zu dem Praktikanten-Pupserle hinüberzuschauen. In Wirklichkeit konnte ich es aber natürlich kaum erwarten, dass er endlich sein Handy rausnahm, um nachzuschauen, ob das Video mit meinen Eskapaden endlich an alle rausgegangen war.

Schließlich hatte ich eine bessere Idee: Ich zückte auch mein Mobiltelefon und hielt es so, dass man meinen konnte, ich würde ausgiebig die schöne Aussicht fotografieren. Tatsächlich aber hatte ich die andere Kamera aktiviert, die für die elenden Sefies gedacht war. Ich nutzte sie nun wie einen Spiegel, der mir zeigte, was hinter mir vorging.

Was ich dort sah, erfüllte mich mit Freude. Der Rudi schaute auf sein Handy und stutzte. Dann tippte er mehrfach drauf rum, wurde dabei immer roter im Gesicht, und schließlich schaute er zu mir rüber. In seinen Augen las ich unverhohlenen Hass.

»Was ist denn, Rudibubi? Hast auch kein Netz hier heroben, was?«, fragte ihn der Arno in seinem besten Preißnbayerisch und knuffte ihm unschuldig in die Seite. »Na komm, dann genieß doch mal die gute Luft, so was kriegen wir nicht von der Air Condition im Großraumbüro, hahaha.«

»Ja, haha, sorry, ich kann grad nicht«, presste der Intrigantenschlumpf zwischen zusammengebissenen Zähnen hervor: »Irgendwer ... ich meine ... *aus irgendeinem Grund* hat mein Handy gerade einen Hard Reset gefahren, und jetzt sind alle Daten futsch ...«

Ganz genau, du Fackl[56], dachte ich mit der Inbrust tiefster Zufriedenheit. Den Klammergriff für einen sauberen Hard Reset kannte ich schließlich von meinem glumperten Tablet daheim. Und aus eigener Erfahrung wusste ich auch, dass nach so einer Rückführung zu den Werkseinstellungen wirklich nichts, aber schon gleich überhaupt nichts an Daten auf dem Gerät zurückbleibt. Dafür kommen die ganzen vorinstallierten Apps zurück, die man dann erst einmal löschen darf.

Besonders erfreulich: Nicht nur unser Wirthausschläger-Film war für immer verloren, sondern auch eine Menge andere Nachrichten, Fotos, Filme, gepeicherte Seiten ... was auch immer er direkt auf dem Gerät gespeichert hatte – es war definitiv und unwiederbringlich weg.

Meine dritte gute Tat an diesem Tag. Auch wenn sie in dem Fall auch gut für mich selbst war.

---

56 Fackl, das: Ferkel im Sinne von Schmutzfink, auch im übertragenen Sinne anwendbar.

Bergab

Du traust dich nicht?«
»Nein, Arno. I mog ned.«
»Also bitte, natürlich magst du! Das mag doch jeder!«
»Naa, ned jeder, weil i zum Beispiel schon mal ned.«
»Wir fahren alle, Herbie! Sogar der Walström! Sollen wir dann alle eine Stunde lang auf dich warten, oder wie?«

Ich blickte flehentlich in den Himmel, doch da oben war niemand, der mir gegen Arnos Argument eine gute Antwort einflüsterte. Normalerweise hätt ich natürlich Lust drauf gehabt, mit der Sommerrodelbahn, die es auf der Schliersbergalm natürlich auch noch gab, den Berg runterzufetzen. Aber irgendwie war mir heut schon genug Saudummes passiert, und ich hatte keine Lust mehr auf weitere Harryaden.

Andererseits wollte ich schon wahnsinnig gern heim, und der Gedanke, dass mein Wanderkreis dann eine Stunde lang da unten steht und mich dann mit Gestöhne und blöden Sprüchen empfängt, wenn ich endlich ange-dackelt komm, war auch nicht grad verlockend.

»Oiso guad …«, seufzte ich, und Arno klatschte vor

Freude in die Hände: »Super, Herbie! Komm, wir machen Uhrenvergleich, und dann fahren wir um ein Schnäpseken, was sagst du?«

»Um ein *Schnäpseken* fahr ich – und zwar weiträumig herum!«, bellte ich zurück. »Aber ein *Schnapserl* wennst hast, da sag ich nicht Nein. Bitte Arno, umgodswuin, *Schnäpseken!* Wenn uns einer zusammen sieht!«

»Nun mal nicht so homophob, mein bester Freund!«, lachte der Arno so laut, dass sich die halbe Schliersbergalm zu mir umdrehte. »Weiß doch jeder, dass wir schon länger ein Paar sind, hahaha! Der Münchner und sein Isarpreuße, eine Liebesgeschichte in fünf Akten.«

Als überzeugter Glockenbachviertelbewohner ist mir jegliche Homophobie so fern, dass es hellrosa rummst. Mir ist wirklich total egal, wer wo sei Würschdl neihängt oder wer wen abbusselt. Bei den Schwulen und Lesben geht's mir genauso wie bei allen anderen Menschen: Wer mich nervt, der nervt mich.

Ich kann mich wunderbar aufregen über die Lattemacchiato-Mum, die mit ihrem SUV zum Supermarkt im Glockenbachviertel donnert und ihren Panzer »nur für drei Minuten, mein Gott« in der Einfahrt zu unserem Hinterhof abstellt.

Genauso nervt mich aber auch der überparfümierte Trümmertanten-Hansi, der im gleichen Supermarkt so ohrenbetäubend schrill irgendwelche Ferkeleien in sein Handy gackert und sich saucool dabei vorkommt, dass seine Nacht so lang war wie sein Arm – und Letzterer bis zur Schulter rauf gebuttert.

Wer mich nervt, der nervt mich.

Schwierig wird's mit der Argumentiererei, wenn ich sag, dass mich auch der Christopher Street Day nervt. Da hab ich mir schon sauber was anhören müssen, umgodswuin. Liebe Leut, mich nervt auch der Fasching! Mich nervt alles, wo man den Gaudischalter umlegt, damit's lustig wird, und ich mir Dinge anschauen muss, die ich nie wieder aus meinem Gedächtnis gelöscht bekomme.

Ja freilich, es ist euer gutes Recht, der Welt einmal im Jahr behaarte Arschritzn ins Gsicht zu halten! Die Heteros dürften ja auch einen solchen Marsch machen (mei, seid's bloß froh, dass das keiner vorhat … das Grauen, das Grauen …). Jedenfalls: Mit solch einer Parade, die bestimmt eine Mordsgaudi ist, sollte man am Ende aber nicht versuchen, der Giesinger Oma die notwendige Gleichstellung homosexueller Partnerschaften erklären zu wollen. In dem speziellen Fall repräsentiert der nette Patrick Lindner die Gay Community wahrscheinlich besser als die kreischende 1,80 Meter plus 40 Zentimeter Plateauschuh hohe Britney-Spears-Impersonation, die mit ihrem Nippelpiercing vom Wagen runterwinkt.

Obwohl, böse Zungen behaupten, der Christopher Street Day der Heterosexuellen wär der jährliche Trachtenumzug. Und ja mei, ganz so danebenliegen tun sie damit gar nicht. Reih und Glied, dazu Blasmusik, dazwischen ausgestopfte Kadaver, die am Stangerl hängen, oder unausgestopfte Kadaver, die aus Kutschen winken – so samma mia.

So, wie sind wir jetzt von der Sommerrodelbahn zum Glockenbachviertel gekommen? Ach ja, richtig, der Arno

hatte mich scherzhaft geoutet, und die halbe Schliersbergalm dachte jetzt, ich wär mit einem Isarpreißn beinand. Ja mei, wo die Liebe hinfällt.

Ich hatte mich jedenfalls überreden lassen und setzte
mich nach dem Arno ins nächste Rutscherl – auf dass
die Alm der Schande endlich hinter mir liegen möge.
Schlauerweise bekam jeder Rodler nicht nur einen Schlitten, sondern auch ein paar Arbeitshandschuhe mit Anti-
rutschnoppen überreicht, damit man sich an der Plastikbahn keine Verbrennungen holte.

»Hey, Herbie! Komm, überhol mich!«, rief der Arno
zehn Meter vor mir und lachte aufgedreht. Dann raste er
tatsächlich wie ein Wahnsinniger davon. Ich hatte aber
nicht vor, mich wieder zum Deppen zu machen, ließ via
Hebel die Bremse schleifen und fuhr ganz gemütlich in
mittlerem Tempo dahin.

Plötzlich hörte ich hinter mir etwas lauter werden, und
fast gleichzeitig tat es einen Schlag von hinten, der mich
fast aus der Plastikbahn geschmettert hätte.

»Hö, ja spinnst du, du Rindviech?«, schimpfte ich über
die Schulter, während ich beschleunigte. Gerade ging es
in eine Kurve, und so konnte ich sehen, wer mir da hinten draufgerumpelt war: Natürlich. Der Rudi.

Sein Gesicht war eine wutverzerrte Fratze, und er war
so knallrot angelaufen, dass ihm der Blutdruck bestimmt
bald das Hirn aus den Ohren drücken würde. Aber anscheinend war ihm das wurscht, Hauptsache, er konnte
mich vorher noch leiden sehen.

»Du hast mein Handy resettet, du Arschloch!«, rief er.
»Alles ist weg! ALLES! Ich bring dich um!« Und schon
kam er hinter mir wieder angerast! Ein zweites Mal
krachte es laut, als er mich noch einmal rammte wie eine
römische Galeere. Leider hatte ich weder griechisches

Feuer noch Kanonen an Bord, und in einer einspurigen Rinne kann man auch nicht einfach so ausweichen. Außerdem war mein Bob wohl generell ein bissl langsamer unterwegs, denn sogar wenn ich den Hebel komplett nach vorne drückte, war ich nicht schnell genug, um dem Rudi davonzufahren, verdammt! Ich musste mir was anderes einfallen lassen, wenn ich den Bazi loswerden wollte.

Schon schmetterte er mir zum dritten Mal ins Kreuz, und diesmal konnte ich einen wütenden Schmerzensschrei nicht unterdrücken. Mein Rücken hatte heut schon so einiges mitgemacht, und das hatte jetzt bis in die Schulter hochgeschossen, zefix!

Aber unter Druck hat man ja oft die besten Ideen, und diesmal war es nicht anders. Ich zog einfach meinen linken antirutsch-behafteten Handschuh aus und ließ ihn hinter mir in die Bahn fallen. Dann machte ich mich möglichst klein und windschnittig und schaute zu, dass ich trotz scharfer Kurve mehr Abstand gewann.

Keine Sekunde zu früh, denn schon hörte ich es hinter mir quietschen, dazu einen überraschten Schrei. Da schlug direkt neben mir am Rand der Plastikrinne auch schon Rudis Schlitten auf, der im Gegensatz zu seinem Fahrer die Haarnadelkurve in der Luftlinie genommen hatte. Der Bob überschlug sich ein paar Mal krachend und klappernd, wie ein Formel-1-Bolide, und blieb dann irgendwo hinter mir in der Wiese liegen. Ich war ein bissl enttäuscht, dass er nicht auch noch Feuer fing. Aber gut, man kann nicht alles haben.

Kurz überlegte ich mir, ob ich den kleinen Wadenbeißer jetzt vielleicht umgebracht hatte, aber bei solchen Typen muss man sich keine Sorgen machen. Die lassen sich nur temporär bremsen. Ganz aufhalten kann man solche Saubären nur, indem man sie atomisiert. Und dazu fehlte mir das Equipment. Ich hatte nur einen Handschuh gehabt, war aber entschlossen gewesen, diesen auch einzusetzen.

Ungefähr vier Minuten später rollte ich entspannt in der Zielgeraden aus. Dort wurde ich schon vom Arno empfangen, der immer noch ganz aufgedreht war: »Ey, Herbie! Wie wär's? Fahren wir noch mal mit der Bahn hoch und dann gleich noch mal runter? Bis die Hassloch sich durch die Rinne nach unten gejuckelt hat, sind wir doch locker wieder oben und halb runtergefahren. Da können wir ihr dann auch gleich ein bisschen schieben helfen, was sachste?«

»Naa, mir glangt's für heut, danke«, winkte ich ab und riskierte dabei ein bis fünf Blicke die Bahn hinauf. Erleichtert war ich dann ja schon, als der Rudi auch schon angezuckelt kam.

»Und ihm auch, wie es ausschaut …«, sagte ich lapidar. Der Kerl sah schon arg lädiert aus, das geb ich gern zu. Also, sehr gern sogar. A bluadige Nasn, die Frisur derangiert und ein paar saubere Kratzer an der Stirn und am nackerten Arm, wo vorher einmal ein Jackenärmel gewesen war. Außerdem hatte er so viele Grasflecken auf den Klamotten, dass es von Weitem aussah wie ein modisches Statement.

»Ey, Rudibubi, was ist denn passiert?«, rief der Arno besorgt.

»Bin … aus der Bahn gefallen, war wohl zu schnell«, brummelte der Bengel, bremste und stieg dann mit schmerzverzerrtem Gesicht aus dem Bob.

»Wärst du mal vorsichtiger gefahren, so wie wir beide, dann wär dir das nicht passiert«, tadelte ihn mein Isarpreiß.

Ich nickte ernst: »Ja, da hat der Arno recht. Sei mehr wie wir.«

»So meinte ich das nicht, Herbie!«, lachte der Arno gutmütig und schaute dann den Rudi kopfschüttelnd an: »Mensch, Junge, du siehst ganz schön verbeult aus. Und wenn man deine Kleidung so sieht, denkt man, das wär Flecktarn für den Kampf im Gelände.«

»Das trifft's ganz gut ...«, knurrte der Rudi. Aber als er an mir vorbeitappte, zischte er mir zu: »Du bist ein verdammter Killer, Arschloch.«

»Alles für meinen Isarpreißn«, raunte ich zurück. »Lass mir in Zukunft einfach den Arno in Ruh, sonst gemma naus auf'd Bluadwiesn[57]. Host mi?«

Der Rudi nickte grimmig, »Okay, Deal. Lass mich bloß in Ruhe, ey.« Dann wendete er sich ab und humpelte weg, Richtung Parkplatz.

»Was denn, das muss dir doch nicht peinlich sein!«, rief ihm der Arno hinterher. »Hey, sollen wir dich zu einem Arzt fahren?«

»MIR GEHT'S SUPER!«, brüllte da der Rudi über den Parkplatz, dass es eine Freude war. Na, dann war ja alles gut.

---

57 Gemma naus auf'd Bluadwiesn: Folge mir hinaus auf die Wiese des Blutes, also eine Aufforderung zur tätlichen Auseinandersetzung, durchaus ernst gemeint und selten im Scherz verwendet.

Video 2000

Zu unser aller Erleichterung war der Busfahrer noch am Leben. Und wie! Er und die Frau Kaspery-Rhodenfuss hatten sich wohl blendend verstanden, denn als wir an die Bustür klopften, dauerte es einen verdächtig langen Moment, bis der Busfahrer im Cockpit auftauchte. Er schaute außerdem genauso derangiert aus wie die Frau Kaspery-Rhodenfuss, die nun ebenfalls im Fenster erschien – den Pullover auf links gedreht und die Jacke nur halb übergestreift. Das machte es noch ein bissl verdächtiger, denn es gab überhaupt keinen Grund, warum man in dem mit Standheizung ausgestatteten und somit wohltemperierten Bus eine Windjacke tragen musste – vor allem dann nicht, wenn man nur in einen Ärmel geschlüpft war. Ihre Frisur allerdings saß perfekt, irgendwann würde ich sie mal fragen, wie sie das eigentlich machte.

Die Heimfahrt verlief angenehm ereignislos, wenn man mal davon absieht, dass Nosferatu aus irgendeinem mir nicht ersichtlichen Grund dachte, ich würd mich für sein Hobby interessieren: Unterhaltungsfilme aus den Jahren 1950–1972.

Diese Jahreszahlen waren nicht willkürlich gewählt. Wie ich vom Nosferatu erfahren hab und seitdem ums Verrecken nicht aus meinem Hirn löschen kann, hat der Schauspieler und Entertainer Peter Alexander 1972 seinen letzten Spielfilm gedreht: *Hauptsache Ferien* mit Christiane Hörbiger, Theo Lingen und Max Grießer in der Rolle des vornamenlosen Bayernklischees »Obermaier«. Der Grießer hatte zu diesem Zeitpunkt noch etwas Wegstrecke zurückzulegen, bis ihm etwas bessere Rollenangebote unterbreitet werden sollten. Wikipedia verrät mir, dass er im Jahr drauf in zwei Filmen zu sehen war: *Crazy, total verrückt* und *Geh, zieh dein Dirndl aus.*

Für den Nosferatu endete 1972 mit Peter Alexanders letztem Film eine, Zitat Nosferatu, »Ära des Deutschen Unterhaltungsfilms«.

Die einzigen Werke, die er auch über diese Zeit hinaus im Blick behielt und seiner Sammlung einverleibte, waren die Realfilme von Walt Disney, da sie seiner Meinung nach auch die »drei großen F« hochhielten: Fröhlichkeit, Friedlichkeit und Familie.

Besonders stolz war er darauf, unzählige Unterhaltungsfilme in unterschiedlichen Darreichungsformen zu besitzen. Die sogenannten Paukerfilme besaß er nicht nur als DVD, sondern auch als VHS, Laserdisc, Super 8 in gekürzter Fassung, Betamax und Video 2000. »Dass sich Video 2000 von Grundig nicht durchgesetzt hat, ist ein Jammer, Herr Herbie! Ein Jammer!«

»Harry bitte. Und warum?«, verbesserte und fragte ich mehr aus Höflichkeit als aus Interesse.

»Weil es schon damals über Wendekassetten verfügte, mit denen sich die Aufnahmekapazität auf acht Stunden vergrößerte!«, schwärmte der Vampir, und ich fand's schon eigenartig, dass er dabei seine dünnen, bleichen

Finger über eine imaginäre Videokassette gleiten ließ, diese umdrehte, in einen unsichtbaren Videorecorder einlegte und dann nach unten drückte, wie man das damals so machte in den Achtzigern.

»Entschuldigung, Herr …«, fing ich an, aber der Nosferatu winkte ab: »Wir dürfen uns gern Duzen, Herbie. Du heißt schließlich wie einer meiner absoluten Filmlieblinge.«

Da schaute er mir plötzlich hinein ins Gsicht, als würd er mir gleich die PIN von Walströms Kreditkarte aufsagen, und raunte: »Dass der Chef diesen furchtbaren, billigen Dudu mit Herbie verwechselt, darf man ihm nicht übel nehmen. Da ist er nicht der Einzige.«

»Ich fand als Kind eigentlich beide Käfer immer ganz lustig …«, fing ich etwas zu unbedarft an, merkte aber gleich, dass es ein Fehler gewesen wäre, da noch einen Nebensatz dranzuhängen.

»Dudu ist etwas völlig anderes!«, legte da der Vampir los: »Ein Computer! Er lebt nicht wie Herbie! Herbie hat einen Zauber, er hat die Magie von Walt Disney! Und weil man sich in Europa mit der Magie seit Neuestem schwertut – immerhin hat man ja alle Hexen verbrannt, hahaha –, deswegen musste der Dudu im Gegensatz zum Herbie eben ein Computer sein! Lächerlich, und es lässt sooo tief blicken in die traurige, allein von Nullen und Einsen beherrschte Volksseele der Deutschen, es ist ein Jammertal.«

Da wusste ich jetzt für den Moment auch nicht so genau, was ich darauf noch hätt sagen sollen. Dass man diesem Thema überhaupt mehr als einen flüchtigen Gedanken schenkt, war mir schon fremd.

◆ ∞ ◆

Aber guad, so sans, die Nerds. Früher hat man sie Stubenhocker genannt oder Bücherwürmer. Es waren aber immer schon die Typen, die sich in irgendwas wahnsinnig gut auskannten und dafür in anderen Dingen halt überhaupt ned. Der Nerd in unserer Klasse war der Maierhofer. Ich weiß gar nicht, ob er überhaupt einen Vornahmen gehabt hat, wahrscheinlich nicht. Leute, die gut in Mathe sind oder sonst wie auffällig anders als alle anderen, haben meistens keine Vornamen. »Hey, Maierhofer, tu amal die Mathehausaufgaben her!« funktioniert einfach besser, als wenn man ihn Christian nennen würde. Das ist dann schon so nah und auch ein bissl zu nett, da könnt's fast sein, dass er Nein sagt. Aber wenn man nur den Nachnamen brüllt und das im Befehlston, dann hat man eine Chance, dass der Maierhofer spurt.

Blöd war's nur, dass die damaligen Nerds auch nicht grad die Dümmsten waren – auf jeden Fall schlauer als wir Mathedeppen. Ich erinnere mich noch gut, als uns der Maierhofer mal wieder die Hausaufgaben zum Abschreiben hingelegt hat und wir das alles in unserer Schmirage[58] runterkopiert haben.

Als unser Mathelehrer hinterher einen Blick drauf geworfen hat, war es das einzige Mal, wo ich ihn hab lachen sehen. Ganz laut und ganz schön lang. Das war allein schon deswegen ein Problem, weil der Mann einen Mundgeruch hatte, der die gegenüberliegende Wand von unserem Klassenraum dunkler färben konnte. Ohne Schmarrn, an der hinteren weißen Wand konnte man grob unsere Formen sehen, weil es da, wo wir saßen, ein

---

58 Schmirage, die: (Gesprochen in pseudo-frz.: Schmiraasch) Unleserliche Handschrift, Geschmiere

bissl heller war als da, wo sein Odem ungehindert auf den Putz getroffen ist. Brutal!

Wir haben immer wieder versucht, ihn da drauf hinzuweisen. Mit Kaugummipackerl, Mundspray und sonstigen Sachen, die wir ihm auf das Lehrerpult, in die Schublade und sogar in seine Ledertasche gepackt haben. Aber es war total sinnlos. Er hat uns vier Jahre angestunken wie eine Kuh nach der Knoblauchkur. Bru-tal!

Auf jeden Fall, die Gschicht mit dem Maierhofer, die war so: Er hat extra für uns ein paar völlig sinnlose Gleichungen aufgeschrieben und drunter dann irgendwelche total saublöden Rechenwege, die auch einem Grundschüler sofort gezeigt hätten, dass das ein völliger Schmarrn ist. Wenn unter einer Gleichung mit zwei Variablen erst dem Einstein seine Relativitätstheorie und danach der Energieerhaltungssatz vom Newton steht (hab ich auch grad googlen müssen), dann ist das für den Mathelehrer lustig. Aber für die, die den Scheiß dümmlich abgeschrieben und dann mit noch dümmlicherem Grinsen dem Lehrer hingehalten haben, ist es das genaue Gegenteil.

Wir haben natürlich kurz überlegt, ob wir dem Maierhofer dafür die inneren Organe entnehmen und vor seinen Augen flambieren sollten, aber ich weiß noch gut, wie wir uns alle fünf dagegen entschieden haben. Stattdessen sind wir in der Pause alle zum Maierhofer hin und haben ihn umringt. Da hat er kurz ausgschaut, als tät er gleich ein Gschäft ins Hoserl machen. Aber als wir ihm dann angeboten haben, dass er mit uns am Wochenende zu »Franzis Mobiler Disco« mitkommen kann, wenn er mag, da hat er gleich ganz anders ausgschaut. Ich weiß noch, dass wir zur Bedingung gemacht haben, dass er sich erstens das Hemd nicht so weit zuknöpfen soll und zweitens vielleicht den Schlüsselbund mit der Jacke an der Garderobe abgibt. Weil der Maierhofer, der hatte schon damals an der Hose so einen riesigen Schlüsselbund, als wär er daheim der Hausmeister. Achten Sie mal drauf! Die Leute, die gut in Mathe sind, oder heutzutag vielleicht eher die Systemadministratoren, die IT-Leute und so weiter – die haben IMMER einen riesigen Schlüsselbund mit mindestens zwanzig Schlüsseln! Damit können sie dann Keller, Serverräume oder Festplatten-Arrays verschließen, und sie verfügen damit hochherrschaftlich über diesen sagenumwobenen Schrank, in dem sich funktionierende Computermäuse, neue Druckerpatronen und Tastaturen ohne kaputtes »S« befinden!

Die Nerds haben im Büroalltag komplett die Macht übernommen. Sogar die Chefs sind von ihnen abhängig, denn auch die brauchen Internet und ein Bild auf dem Monitor. Der Tag, an dem die Nerds erkennen, dass sie eigentlich die gesamte digital erschlossene Welt kontrollieren, wird ein spannender Moment in der Menschheitsgeschichte. Wenn es dann heißt, dass so lange kein Internet mehr hergeht, bis jeder Mensch in der Firma alle Folgen *Firefly*[59] gesehen und im anschließenden Fragebogen mindestens neun von zehn Richtigen hat, dann wird die Welt ein anderer Ort sein.

♦ ◯◯ ♦

---

59 *Firefly* ist eine unter Nerds mystisch verehrte TV-Serie, die früh abgesetzt und später mit einem Kinofilm inhaltlich zum Abschluss gebracht wurde. Der Hauptdarsteller Nathan Fillion wurde ungleich mehr TV-Zuschauern später durch die Titelrolle der Serie *Castle* bekannt.

Dass ich nicht Herbie, sondern Harry heiß, war dem Nosferatu übrigens nicht beizubringen. Ich hab's mindestens zehnmal erwähnt, davon achtmal bewusst paraphrasiert, die Sätze umgestellt, die Schlüsselwörter hinten in der Mitte oder vorne eingebaut ... es war vollkommen wurscht. Der vampirische Kollege vom Arno verabschiedete mich am Parkplatz hinter dem Pfannigelände mit den Worten: »Auf Wiedersehen und danke für die nette Unterhaltung, Herbie.«

Geblinzelt hat er trotzdem nie. Einen ganzen Tag lang. Probieren Sie das mal.

Geschichtsunterricht

H erbie, bald sind wieder die Wiesen, und ich brauche eine Ledernse!«

Dieser Satz, randvoll mit grausamen Verfehlungen und dazu geeignet, auch das weichste Münchner Herz in grauen Fels zu verwandeln, stammte natürlich von meinem ganz persönlichen Isarpreißn, dem nach wie vor völlig ahnungs- und harmlosen Arno H. Brüggemann.

»Ich heiße Harry, Arno«, antwortete ich zunächst und machte dann eine Pause, um das Gesagte wirken zu lassen. »Außerdem heißt es entweder ›die Wiesn‹ oder zur Not auch ›das Oktoberfest‹, und drittens nennt man eine Lederhosn nicht ›eine Ledernse‹. Falls es das ist, was du mit diesem Unwort meinst.«

»Moment mal!«, echauffierte sich der Arno und setzte seine Maß auf dem Biertisch ab. Dann breitete er die Arme aus und deutete um sich, als wollte er alle Besucher vom Biergarten am Chinesischen Turm als Zeugen aufrufen.

»Diese Leute hier, die wüssten ganz genau, was ich meine, wenn ich sie frage, wo man eine Ledernse herbekommt!«

»Ja, das stimmt, Arno«, nickte ich ergeben. »Weil wir hier zu zweiundneunzig Prozent von Preißn umgeben sind, die *keine Ahnung haben!* Und freilich glauben die alle, dass ›eine Ledernse‹ die landestypische Bezeichnung für Lederhosn ist, wenn du nur überzeugend genug danach fragst. Dann haltens dich nämlich für den Einäugigen unter den blinden Preißn, weil sie denken: ›Der kennt sich aber aus, potzblitz!‹ Und wenn du dann weiter mit deine Arm umaranand wedelst, dann machen sie dich vielleicht sogar zu ihrer Bienenkönigin! Aber nur, weil dir dann tausendvierhundert Deppen wiera Scheisshausfliag hinterherflattern zum nächsten Trachten-Discounter, den einer von deinen Lakaien gegoogelt hat, heißt das noch lang nicht, dass du recht hast!«

Während meines Monologs waren die Arme vom Arno wieder gesunken, und er sah jetzt tatsächlich frustriert aus.

»Ach Mensch, Herbie …«

»Harry.«

»Das wird doch nie was mit mir. Ich trau mich doch beim Bäcker schon kaum mehr, Brötchen …«

»Semmeln.«

»… zu kaufen oder auch mal Pfürtie …«

»Pfiatde[60].«

»… zu sagen, ohne dass ich denke, ich mache alles falsch.«

Ja mei, was sollte ich denn darauf jetzt antworten? Er tat mir ja leid, der Arno, aber es gab halt noch so viel zu lernen. Ich hatte mir zwar einen wissbegierigen und top-

---

60 Pfiatde, pfiat de God: Abschiedgruß, eigentlich ein massiv zusammengekürztes »Behüte dich Gott«.

motivierten Schüler rausgesucht, aber leider keinen sonderlich talentierten ...

»Arno, I woas doch a ned ...«, fing ich an und seufzte. »Ich seh natürlich, dass du dich bemühst. Aber irgendwie fehlt's bei dir noch woanders. Da ... hier drin.« Ich klopfte mir auf den Brustkorb. »Du hast eben ein Preißnherz, und des schlagt einfach anders, verstehst?«

Ich hatte das gar nicht so dramatisch gemeint, aber anscheinend musste ich den Arno damit nachhaltig schockiert haben, denn der schaute mich ganz entrüstet an und flüsterte nach einer sehr langen Schrecksekunde, in der er seine Sonnenbrille mehrmals preißnmäßig in die Haare schob und wieder abnahm: »Also Herbie ... das ist ... also das ist ja fast schon rassistisch, ist das!«

»Spinnst jetzt komplett, oder was is los?«, bellte ich zugegebenermaßen wenig originell zurück.

Aber da ratterte es auch schon los im Hirn vom Arno – und ich duckte mich unweigerlich vor dem nun folgenden Schwall vehementester Verbaldiarrhö: »Soll ich dir mal sagen, aus was ihr besteht, ihr Bajuwaren?«, legte der Arno los und fuchtelte mit seinem Zeigefinger vor mir herum. »Im Gegensatz zu dir habe ich mich nämlich mal *wirklich* beschäftigt mit deinem ach-so-alten und meinem neuen Lebensraum! Ihr Bayern seid zum Ende der Völkerwanderungszeit entstanden, und zwar aus Elb- und ostgermanischen Stämmen, aus Kelten, Römern, alemannischen, fränkischen, ostgotischen, langobardischen und – halt dich fest, Herbie – *thüringischen* Flüchtlingen und aus Nachkommen von Söldnern der römischen Grenztruppen! Ein Gemisch aus Zugeroasten wart ihr, Herbie! Und daran hat sich nichts geändert!«

»Ja guad ...«, murmelte ich. »Aber trotzdem ist doch ein Bayer ...«

Der Arno war leider noch nicht fertig: »*Jeder* kann ein Bayer sein, wenn er da geboren ist oder lange hier lebt! Nicht nur auf dem Papier, sondern auch im Herzen! Außerdem ist wissenschaftlich erwiesen, dass wir alle die gleichen Vorfahren haben. Ich nenne hier nur mal beispielhaft den Australopithecus anamensis als früheste unzweifelhafte Hominini-Art in Südafrika, ein Land, das nicht von ungefähr auch als ›die Wiege der Menschheit‹ bezeichnet wird. Ich bin genauso Mensch wie du, Herbie!«

»Dass du immer so übertreim musst …«, grummelte ich etwas dasig[61] in meine Maß. Mir war das alles schon arg unangenehm. Der Arno hatte sich ganz schön in Rage geredet, und inzwischen schauten auch die benachbarten Biergartenbesucher zu, wie er sich theatralisch erhob und dazu mit ausladender Bewegung ein Messer an sein Handgelenk drückte.

»Herbie! Wir sind eins! Wenn du mich stichst, so blute auch ich!«

Ich seufzte noch einmal und bedeutete ihm mit einer beruhigenden Handbewegung, sich wieder zu setzen.

»Arno. Jetzt komm, setz dich wieder hin«, sagte ich ganz ruhig. »Und leg des Messer weg. Mit dem Glump brauchst du gar ned versuchen, dir in die Pulsadern reinzuhobeln. Da fangt eher des Messer an zu bluten als wie du.«

Ich zog mein Trachtenstilett[62] aus der Hosentasche und legte es ihm hin. »Damit geht's ganz problemlos, wenn's unbedingt jetzt sei muss, wo's grad so schee is da heraußen.«

---

61 Dasig: Niedergeschlagen, kleinlaut
62 Trachtenstilett, das: Ein eher kurzes, spitzes Jagdmesser, das vor allem zur Tracht mitgeführt wird.

Da stutzte der Arno, schaute auf das scharfe Messer auf dem Tisch, und sehr kurz war es sehr still um uns herum.

Doch dann lachte mein Isarpreiß, warf das Biergartenbesteck auf den Tisch und setzte sich wieder hin. »Also Herbie, wenn irgendwo mal jemand auf dem Dach steht und wieder zur Vernunft gebracht werden soll, dann halt dich bitte fern!«

Ich schaute ihn fragend an, aber er war wohl nicht in der Stimmung, mir zu erklären, was er damit meinte. Auf jeden Fall hatte ich schon bemerkt, dass ich ihn mit meiner Exklusionserklärung wohl tief getroffen hatte, und das tat mir tatsächlich leid.

Ja, da staunen Sie jetzt, weil Sie sich aufgrund meiner grantigen Schimpferei natürlich auch ein Bild von mir gemacht haben. Aber auch wenn Sie das jetzt überrascht: Nicht nur der Arno hat ein Herz, das blutet. Sondern ich halt auch! Und alle Münchner, alle Bayern!

Gut, wir zeigen das Herz halt nicht so deutlich. Und erst recht niemandem, den wir nicht kennen.

Ja, das kann schon mal zum Problem werden, weil, wie ich ja im ersten Kapitel schon erklärt hab, es eben recht lang dauert, bis wir einmal so weit Vertrauen fassen, dass eine Freundschaft zumindest generell in Betracht gezogen werden kann. Und bis es da dann zum Austausch von persönlichen Angelegenheiten kommt, dürfen schon ein paar Lenze ins Land gehen.

Aber auch ich hab fui Gfui![63] Und jetzt grad tat mir der Arno leid. Er hatte sich so Mühe gegeben, sogar die Geschichte der Bajuwaren hatte er sich draufgeschafft, und immer wieder hat er versucht, alles richtig zu machen

---

63 Gfui, das: Gefühl

und korrekt auszusprechen – und alles, was er von mir zurückbekam, war Kritik, Kommentare in gschertester Mundart (die schon ein Landsberger kaum mehr versteht), viel Augenrollen und ein paar Seufzer.

Glauben Sie es oder nicht: Ich wollte das wiedergutmachen. Also schaute ich dem Arno nei ins Gsicht, rang mir ein halbwegs freundliches Lächeln ab und sagte: »Komm, Arno, wir kaufen dir jetzt ›eine Ledernse‹.«

Beim Greif

U nd wo sind wir jetzt, Herbie?«
»In Rottach-Egern«, antwortete ich wahrheitsgemäß.
»Da vorn ist der Greif.«

»Ein Greif?«, rief der Arno aufgeregt und sprang förmlich aus dem Auto. »Ich dachte, die heißen bei euch Wolpertinger?«

Der Arno erkannte an meinem ausdruckslosen Gesicht, dass ich ihm da nicht folgen konnte. Und ich
wiederum sah ihm die Freude an, mein Unwissen mit
einem typischen Preißn-Klugscheißer-Download behe-
ben zu können: »Mensch, Herbie, der *Greif*, das mythi-
sche Mischwesen aus Löwe, Vogel, Pferd und Co., so wie
der griechische *Cherub* eben und damit doch direkter
Verwandter oder Vorgänger von eurem Wolpertinger,
oder nicht? Jetzt freu dich doch mal, dass ich da ein bisschen Hintergrundwissen habe, und schau nicht wieder
so … so herbiemäßig! Was ist denn?«

»Das Geschäft da vorn heißt Trachten Greif«, antwortete ich völlig ermattet. »Genauer gesagt, haben wir
einen Termin bei meiner Freundin Alex im Laden. Denn
da kriegst du eine gscheite Tracht und keinen Schmarrn.«

»Ah … okay. Auch gut. Aber meine Theorie mit dem Wolp…«

»Komm jetzt, Arno.«

»Harry!«, begrüßte mich meine Freundin Alex überschwänglich: »Des is ja schee, dass du amoi wieder vorbeischaugst! Wia geht's da denn? Passt die Hosn no?«

»Ja freilich«, antwortete ich wahrheitsgemäß. Die Hirschlederhosn, die ich vor vielen Jahren hier erstanden hatte, war ein ganz außergewöhnliches Kleidungsstück. Egal, ob ich zu- oder abgenommen hatte, diese Lederhosn passte irgendwie immer wie angegossen. Ich weiß schon, dass das eigentlich nicht möglich ist, aber dann ist es eben ein Wunder. Oder es liegt halt an dem Bandl hinten, an dem man die Bundweite anpassen kann.

»Wie derf ich denn helfen, Harry?«, fragte die Alex, und ich deutete mit dem Daumen hinter mich. »Ich hab da einen Härtefall dabei …«

»Mensch, Tach Frau … Keil, das ist ja mal ein schnuckeliges Lädchen hier!«, tönte der Arno in das kleine Geschäft hinein, bis die Kleiderstangen rasselten. Den Nachnamen hatte er sich natürlich direkt vom Namensschildchen abgeschaut, und er wirkte ein bisschen so, als erwartete er jetzt eine Art Lob dafür.

Die Alex warf mir einen vielsagenden Blick zu, und ich beeilte mich zu erklären: »Des is der Arno. Der Arno kommt aus Hannover, ist vor ein paar Wochen hergezogen und sozusagen mein eigener Isarpreiß. Er is ned unrecht[64], und ich bin so was wie sein Bayern-Mentor.«

---

64 Ned unrecht: »Er ist in Ordnung«. Verbreitet ist auch das ähnliche »Der is ned so unguad« im Sinne von »Der ist nett«. Es ist auffallend, dass hier eigentlich etwas Positives ausgedrückt werden soll, es aber dank der zwei prägenden Negativismen trotzdem klagend rüberkommt.

»Ja, wos oiss gibt!«, lachte sie und scannte dann den Arno von oben bis unten mit fachmännischem Blick.

»Gscheide Wadln hat er ja, und groß is er auch«, meinte sie dann. »Ich glaub, da bringen mir schon was zamm.«

Dann lehnte sie sich zu mir rüber und raunte: »Den Mund derf er hald ned aufmachen …«

Ich nickte: »Daran arbeit ich. Seit Längerem.«

»Was wird da getuschelt, bitte?«, schmetterte der Arno gut gelaunt quer durch den Laden, und die Alex klatschte tatkräftig in die Hände: »Also, da probieren wir doch als Erstes einmal eine schwarze Kniebund und dazu …«

»Kniebund?«, fragte da der Arno sofort unqualifiziert dazwischen: »Ich dachte eher an eine kurze, so hotpants-mäßig! Und natürlich mit der lustigen Zugbrücke vorne, wenn man mal ausreiten muss, versteht ihr, ausreiten? Haha!«

»Es tut mir so leid, Alex , aber wo hätt ich sonst hinsollen mit ihm …«, versuchte ich mich zu entschuldigen, aber die winkte ab: »Alles gut, Harry. Der ist doch ein Lieber, das macht nix.«

»Warum komm ich mir hier gerade vor wie bei Heidi Klum in der Sendung?«, fragte der Arno dazwischen. »Da reden die auch immer über die Mädels, als wären die nicht anwesend, obwohl die direkt danebenstehen.«

»Kann er a weißes Trachtenhemad tragen, was meinst?«, fragte mich die Alex, und ich nickte. »Ja, er hat ja a bissl a Farb im Gsicht, des geht scho.«

»Hallo? Ähm, ich stehe direkt neben euch?«

»Eine grüne Weste wär nicht schlecht für ihn, was meinst?«, schlug Alex vor, aber ich war nicht überzeugt: »Naa, des is mir ein bissl zu oberkellnermäßig, der Arno hat so eine servile Art, da bestellen die dann auf der Wiesn immer bei ihm.«

»Servile Art? Jetzt schlägt's aber dreizehn hier. Und darf ich vielleicht auch entscheiden, welche Farbe mir st…«

»Dann Blau«, sagte sie mitten in Arnos Satz hinein, und er verstummte sofort, aus Angst, was zu verpassen.

»Ja, des probiern wir. Und bitte gib eam no Strümpf und gscheide Haferlschuh dazua«, antwortete ich. »Wo derf er sich denn umziehn?«

»Ich geh einfach in die freie Kab…«

»Einfach in die freie Kabine.« Alex deutete auf selbige, und ich wendete mich an den Arno: »Schau mal, da ist eine freie Kabine. Da gehst nei und ziehst das alles mal an. Komm, huschhusch.«

Der Arno machte einmal den Mund auf, dann wieder zu und noch mal auf. Schließlich sagte er aber doch nix, drehte sich nur um, ging in die Kabine und zog den Vorhang zu. Das machte er immerhin so resolut, dass es sogar ein kleines bisschen nach pubertärem Protest-Türzuschlagen klang.

»Der ist schon ein ganz ein Lieber«, sagte die Alex . »So folgsam.«

»Ja, wenn sie grad hergezogen sind, da kann man sie noch formen«, bestätigte ich. »Aber die werden ja so schnell groß, und dann beißt man sich die Zähn aus.«

»Ich weiß, ich weiß …«, nickte die Dame. »Solche Fälle haben wir hier täglich. Die kommen hier rein, in der Hand das Handy, und auf dem zeigen sie mir irgendein Faschingskostüm vom A*maier oder sonst woher für elf Euro fuchzig und fragen, ob ich des vielleicht auch dahab. Wenn man dann nicht hart bleibt, dann täten die rumlaufen wie die Kaschperl. Und auch noch stolz verkünden, dass ich ihnen das verkauft hätt!«

»Elf Euro fuffzich? Das klingt ja vernünftig!«, hörten wir den Arno aus der Kabine tönen. »Hätt nicht gedacht, dass das so günstig wird, nur weil wir ein paar Kilometer aufs Land rausgefahren sind.«

»Wird's auch nicht, Arno«, rief ich zurück. »Aber wenn dein Dispo nicht reicht, dann hast ja noch die Kreditkarte.«

»Wir können das gerne auf zwei Rechnungen aufteilen, gar kein Thema«, setzte Alex noch hinterher und meinte das natürlich vollkommen ernst. Ja mei, was Gscheits kost hald auch gscheit.

Jeder Isarpreiß, egal ob Männlein oder Weiblein, meint, vor seinem ersten Wiesnbesuch noch schnell eine Tracht kaufen zu müssen. Ein »Bavaria Original« soll es sein – und dann gehen sie ins Trachten-Outlet am Hauptbahnhof, um sich ein Disney-Dirndl zu kaufen. In neongrün oder neonpink und von der Länge her nur knapp über der Schamhaargrenze. Die Verkäuferin im Trachten-Outlet – hier wurde übrigens noch keine bayerische Fachkraft niemals nicht gesichtet – empfiehlt dazu dann gerne noch weiße Lackstiefel. In diesem Auffahrunfall von einem Outfit passt man am Ende zwar besser auf die Hansastraße – den Münchener Straßenstrich – als in ein Festzelt, aber das fällt den meisten Verkleideten nicht einmal dann auf, wenn ihnen wer zehn Euro zusteckt und dabei vielsagend blinzelt. Während die Frauen sich dann im Minidirndl »total authentisch« finden, bekommen die Männer das Modell »Joseph« oder »Franz« angedreht und stehen dann mit einer Dreiviertellederhosn (Made in China) samt Spaghetti-Hosenträger, rot-weiß karierter Tischdecke als Hemd und aus den Chucks quellenden Wollsocken da. Als Finish gibt's das neckische Halstuch kostenlos dazu, das sogenannte Preißen-erkennungshalsband.

Ich mein, natürlich kann man sich auch im Dirndl-Discounter einkleiden und glauben, man ist für neun-undvierzig neunzig glaubwürdig angezogen. Ich frag mich dann aber, warum man sich nicht gleich einen Overall im Internet bestellt, wo Hemd, Halstücherl und Lederhosn draufgedruckt sind. Schaut genauso blöd aus, kostet aber nur die Hälfte – und wenn man sich auf der Wiesn vollschbeibt[65], schmeißt man es halt einfach weg. Allerdings kann man sich dann auch gleich selbst mit wegschmeißen, denn jeder, der sich so was über-zieht, der hat definitiv die Kontrolle über sein Leben verloren!

Und die, die schon länger in München wohnen und glauben, sie sind angekommen und gehören endlich dazu zur Schickeria, die brauchen dann etwas Festliche-res: ein Fest-Dirndl. Und dann gehen sie in die Trachten-Boutique und lassen sich in Tüllstoff einwickeln, der aus-schaut wie die Vorhänge aus dem Ein-Euro-Shop. Das sind Dirndl, da glaubst du, gleich springt die Tine Wittler ums Eck und hängt noch a Lichterketten dran.

Aber um das Thema wirklich abzuhandeln, darf ich die allerschlimmste Form der Trachtenmode nicht verges-sen: die Landhausmode. Denn auf ein Volksfest sollte man einfach nicht als mittelalterlicher Hofnarr gehen, bedruckter Kartoffelsack mit Eisenschellen vorne drauf hin oder her. Landhausmode ist und bleibt für mich der Voldemort der Tracht.

Man muss schon wissen, wann etwas keinen Sinn

---

65 Vollschbeibm, schbeibm: Eher »schbeim« gesprochen, spucken bzw. vollspucken im Sinne von »sich übergeben«.

mehr hat und jeder Cent, der dann noch für Lebensberatung und Therapie investiert wird, rausgeschmissenes Geld ist. Wenn Sie sich in so einem Aufzug in die Öffentlichkeit trauen, dann gelten Sie in Bayern als Persona non grata. Wir nehmen Sie dann einfach nicht mehr wahr, und es kann sogar passieren, dass der ein oder andere Münchner es fertigbringt, durch Sie hindurchzulaufen, weil er so vollständig von Ihrer Nichtexistenz überzeugt ist, dass er Ihre Atome gleich mit überredet, sich ihm nicht in den Weg zu stellen.

Noch Monate, nachdem Sie in dieser baumwollenen Beleidigung alles Bajuwarischen gesehen wurden, kann es sein, dass Ihre Münchner Mitmenschen immer noch ein unbestimmtes Unbehagen in Ihrer direkten Nähe verspüren.

Unter Umständen klingt diese unbewusste Ablehnung erst Jahre später nach Ihrem Sündenfall ab. Sie wurden in der ganzen Zeit wahrscheinlich eh so gründlich von uns ignoriert, dass Sie schon längst zurückgezogen sind nach Ostwestfalen, um erst innerlich und dann äußerlich zu verwesen.

Langer Rede, tiefer Sinn: Wenn es schon eine Tracht sein muss, dann BITTE WAS GSCHEIDS!

So wie der Arno, der nach knapp zwei Stunden tatsächlich ausgschaut hat wie ein waschechter Einheimischer. Ohne Schmarrn! Eine Kniebundlederhosn, dazu ein klassisches weißes Trachtenhemd mit Stehkragen und eine königsblaue Weste. Kein Chichi, keine Roserl aus Rupfleinen, kein lustiger König-Ludwig-Aufdruck. So schee!

»Pfundig, Arno! Richtig, richtig guad!«, lobte ich völlig zu Recht, und mein Isarpreiß strahlte.

»Mensch, Herbie, jetzt bin ich ja mal richtig gerührt …«, preußelte der Arno da los und zerstörte mit wenigen Worten den gesamten positiven Grundeindruck: »Und wie das passt! Bequem wie ein Schlafanzug, sag ich da nur. Heidewitzka, das passt, sitzt, wackelt und hat Luft. So kann ich mich glatt auf den Marienplatz stellen und meine Mitmünchner mit einem kräftigen Jodler begrüßen, was? Hollerüttü!«

»Was kann man denn tun, dass der einfach nix redet, wenn er das anhat?«, fragte die Alex.

»Ohne chiurgischen Eingriff? Nix.«

Zfui

Der Arno war jetzt natürlich nicht mehr zu bremsen. Er hatte eine Tracht, und er war entschlossen, sie zu benutzen.

»Es ist doch so ein Wetterchen, Herbie!«, sagte er und deutete auf Himmel und Erde um uns herum.

»Arno!«, rief ich. »Wir sitzen in einem Auto, und ich fahr über die Autobahn! Kannst du bitte aufhören mit dem Gefuchtel vor meinem Gesicht?«

»Du liebes bisschen. Der Herr Herbie ist gleich wieder gereizt, weil ich auf Wahres, Gutes und Schönes hinweise.«

»Der Herbie ist erstens der Harry, und zweitens bin ich nicht gereizt, Kreizdeifi!«, schimpfte ich.

»Ja, es hilft auf jeden Fall, wenn man schreit, dass man nicht gereizt ist«, lachte der Arno zurück. »Jetzt komm mal wieder runter, Freund Schnürschuh.« Und er haute mir kumpelhaft auf die Schulter.

Wenn man bei einem solchen Muck[66] aber gerade auf

---

66 Muck, der: Ein kumpelhaft gemeinter Knuff auf die Schulter, der – fachgerecht durchgeführt – einen Nerv dermaßen fies trifft, dass der ganze Arm mit einem Mal taub wird.

den wenigen nicht geschwindigkeitsbeschränkten Auto-
bahnkilometern zwischen Aying und Holzkirchen unterwegs ist, ist das allerdings eine saublöde Idee. Vor allem,
wenn der Fahrer gerade auf der Autobahn einen Last-
wagen überholt …

♦ ⬭ ♦

»Au Backe, Herbie. Tut dir was weh?«

»Arno.«

»Gott sei Dank, du sprichst!«

»Weißt du, was der Grund ist, warum ich jetzt nicht zu
dir rüberlang und dir den ›Herbie‹ ein für alle Mal aus
deiner Lätschn schlag?«

»Vielleicht weil dich der Airbag in den Sitz drückt und
dein Oberkörper halb unter der eingedrückten Autotür
festgekeilt ist?«

»Richtig, Arno.«

»Hilft es was, wenn ich sage, dass es mir leidtut?«

»Es hilft auf jeden Fall was, wenn du das Warndreieck
rausholst und es draußen aufstellst.«

»Okay, klar, so gut wie erledigt, Her… Harry.«

Er zog das Warndreieck unter dem Sitz hervor, stieg
aus, ging an dem Ding, das bis eben noch mein Auto gewesen war, vorbei und ein paar Meter den Standstreifen
entlang. Dort stellte er brav das Warndreieck auf.

Der Lastwagenfahrer hatte wahrscheinlich gar nix
mitbekommen von meinem Schlenker nach links, dem
anschließenden Versuch, das Auto wieder in die Gewalt
zu bekommen, dem kurzen Schleudergang und meinem anschließenden Rendezvous mit der rechten Leit-
planke, nachdem ich auf dem Standstreifen zum Stehen
kam. Trotzdem hatte sich natürlich gleich der Verkehr

auf der Autobahn verlangsamt. Man will ja daheim was zum Erzählen haben, und vielleicht kommt man ja sogar beim jeweiligen Lieblingssender durch und darf sich dann als Unfallmelder live wichtigmachen! Dreißig Sekunden Ruhm, landesweit auf Sendung, endlich ist man wer!

»Ähm …«

»Was, Arno?«

»Na ja, soll ich …«

»Die 112 und den ADAC anrufen? Ja, das wär eine super Idee, Arno.«

»Okay, dann mach ich das mal. Und dir tut wirklich nix weh?«

»Doch, Arno. Mir tut einiges weh: Der Gedanke an mein gerade abbezahltes Auto, die Hochstufung der Versicherung, die Punkte in Flensburg, mein Selbstwertgefühl und dieser unbändige Drang, dich in einen langen Schlaf zu würgen. Das alles tut mir saumäßig weh.«

»Aber so rein körperlich?«

»Ruf bitte jetzt die 112 und den ADAC an, Arno.«

»Mach ich.«

»Vielen herzlichen Dank.«

»Da nicht für, Herbie.«

»Des war auch nur eine höfliche Floskel, du Seckl! In Wirklichkeit bedanke ich mich bei dir für einen Scheiß!«

»Ja, das hab ich mir schon gedacht.«

Die zwei Kollegen von der Feuerwehr hatten ganz schön was zu tun, mich da aus meinem Karrn rauszuschneiden. Weil ich natürlich dran interessiert war, dass die Flex nicht auch gleich meinen Oberschenkel mit entfernt, war das schon eine recht diffizile Angelegenheit. Insgesamt saß ich, mit Schutzbrille und Wolltuch gegen die fliegenden Funken geschützt, bestimmt eineinhalb Stunden eingeklemmt auf dem Standstreifen rum. Und während der ganzen Zeit versuchte der Arno, mir die Situation so angenehm wie möglich zu machen. Wenn ich heut drüber nachdenk, find ich das natürlich eigentlich nett von ihm. Damals aber hätt ich alles getan, damit er mir endlich meine Ruh lässt, meine boarische!

»Hey, Herbie, sieh's mal positiv! Was gibt's Schöneres, als sich ein neues Auto auszusuchen, na?«, rief mir der Arno über den Lärm der Flex zu, und selbst mein fassungsloser Blick hinderte ihn nicht am Weiterreden.

»Ich meine, klar ist so ein VW ein schönes Auto, aber wusstest du, dass Skóda auch von VW gebaut wird, aber ein viel besseres Preis-Leistungs-Verhältnis hat? Außerdem wird der Name in Deutschland immer falsch ausgesprochen, es heißt eigentlich ›Schkooda‹ und nicht Skoda, also wenn man den Landsleuten dieser Firma glauben mag, denn die Marke kommt ja aus Tschechien. Wusstest du das, Herbie?«

»Ich weiß nicht, ob ich das gewusst hab, Arno«, antwortete ich in einer Flexpause. »Ich weiß aber, dass es mir definitiv scheißwurschtegal ist. Und so könnt es durchaus sein, dass ich es vielleicht schon mal gehört, aber dann sofort wieder aus meinem Hirn gelöscht hab!«

»Ah, verstehe, willst Speicherplatz sparen, was? Brauchst wohl noch mehr Platz für Schimpfworte, Flüche und Bezeichnungen für mich, wie? Hahaha!«

»Ganz richtig erkannt, Arno. Die bisher gesammelten rund viertausend Synonyme für ›Isarpreiß aus der Hölle‹ reichen bei Weitem nicht für das, was ich gern ausdrücken würde.«

Der Arno winkte ab: »Viertausend? Ach, das glaub ich dir nicht, Herbie! Du übertreibst mal wieder.«

»Red der immer so vui?«, fragte mich der Feuerwehrmann mit der Flex, während er sich den Schweiß von der Stirn wischte.

»Ja«, antwortete ich sachgemäß.

»Bruddal …«, murmelte er und widmete sich dann wieder den Resten der eingedrückten Autotür.

Der Arno aber wendete sich an den flex-losen Feuerwehrmann, der damit beschäftigt war, mir eine Schutzdecke vors Gesicht zu halten, damit sein Kollege besser sägen konnte.

»Was sagen Sie denn? Sagen Sie doch mal, glauben Sie, dass mein Freund, der Herbie hier, wirklich *viertausend* Beleidigungen für mich in seinem Oberstübchen gespeichert hat?«

Der Feuerwehrmann überlegte kurz. Dann fragte er ganz sachlich: »Wie lang kennts ihr eich denn scho?«

»Ach, das sind jetzt schon fast zehn Jahre, würd ich sagen, oder, Herbie? Wie die Zeit vergeht, unglaublich.«

Ich nickte nur.

»Na ja …«, sagte der Mann. »Mir san jetzt in di paar Minutn, wo mir da san, so um die zehn, zwanzig Namen für Sie eingfalln. Also glaub ich schon, dass ma in ein paar Jahr auf viertausend kommen könnt.«

Erstaunt starrte ihn der Arno an: »Wie jetzt, ›zwanzig Beleidigungen‹? … Das ist doch ein Witz, oder nicht? Was bitte ist denn so schlimm an mir, dass man … also dass Sie … Nein, das glaub ich Ihnen nicht! Also, was seid ihr denn für ein seltsames Volk, ihr Bajuwaren! So freudlos, so voll mit Hass auf die anderen Menschen, die euch nichts Böses wollen! Ich will meinen Freund Herbie nur aufheitern und ihm in dieser schweren Stunde beistehen, was ist denn daran bitte so verwerflich, dass man mich beschimpfen muss mit zwanzig Beleidigungen? Also nein!«

Der Feuerwehrmann wendete sich nicht von seiner Arbeit ab und sagte zu mir: »Dreiundzwanzig.«

Da schwieg der Arno. Für ganze zweieinhalb Minuten. Das war schön.

Was soll ich sagen, am Ende, als ich dann endlich rausgeschnitten war, da hat mir der andere Feuerwehrmann seine Flex hingehalten, mit dem Kopf in Richtung vom Arno genickt und gesagt: »Es gabat a bruddale Sauerei, aber dann wär a Rua.«

Ich war aber einfach zu dankbar dafür, dass ich meine Beine wieder bewegen konnte, als dass ich jetzt direkt meinen damaligen Mordgelüsten nachgegeben hätt.

Außerdem, er meint's ja ned bös, mein Isarpreiß.

Der Anruf

Wenn der Arno anruft, dann hör ich das am Klingeln. Nein, ohne Schmarrn jetzt! Und natürlich auch ohne dass ich extra einen anderen Klingelton eingestellt hätt, das wär ja einfach. Nein, ich merk das am Klingen. Es ist ein bissl lauter, ein bissl schriller und … es hört … nicht … auf!

Der Arno weiß natürlich ganz genau, wie mich das nervt, und drum lässt er es einfach ewig klingeln. Gnadenlos.

Klar könnt ich jetzt einfach eine Mailbox installieren und sagen, liebe Mailbox, geh nach dem vierten Mal dran, und a Ruah is.

Ja, aber leider hab ich dann eben keine Ruah, weil dann hab ich ja eine Mailbox! Und dann ruft nicht nur der Arno dauernd an, sondern auch noch die Mailbox. Und auf der Mailbox hör ich dann, na was? Richtig, den Arno, der mir sagt, was er mir eigentlich sagen wollte, weil deswegen hätt er ja angerufen! Und grad wenn ich mir den Schmarrn angehört hab und die Nachricht löschen will? Ja genau, dann ruft der Arno an und erzählt mir den ganzen Kaas noch einmal!

Danach darf ich dann wieder bei der Mailbox anrufen und die Nachrichten endlich löschen.

Also, wenn Sie auch einmal als Mentor einen Isarpreißn übernehmen wollen, dann, umgodswuin, schalten Sie als Allererstes die Mailbox ab!

Also ich war grad auf dem Weg in die Arbeit, mit dem Leihwagen, den ich bekommen hab, bis das neue Auto da ist. Und da ruft der Arno an. Ich drück auf die Freisprechanlage, und schon geht's wieder los.

»Herbie! Ich bin verliebt!«

»Okay, Arno, ehrlich gesagt, hab ich mir das schon gedacht aber da muss ich dich enttäuschen …«

»Hahaha, Herbie, doch nicht in dich! In die Brit!«

»In die was?«

»Die Brit! Ein Hammergirl, sag ich dir! Hat richtig was im Kopf, blitzgescheit, aber lebensfreudig, so richtig mit viel Esprit, weißt du, was ich meine?«

»Esprit …«

»Genau, und nebenbei auch so vom Aussehen her voll mein Suchmuster: schlank, durchtrainiert, bisschen burschikos, so zum Pferdestehlen, verstehst du?«

»Ja, rein akustisch auf jeden Fall.«

»Und ich bring die am Mittwoch mal mit, hab ich mir gedacht, ist das okay? Weißt du, ich möchte natürlich gerne, dass du die Brit auch magst, denn ohne Unsinn jetzt mal, Harry, ich glaube, das wird was Ernstes und … du bist mein einziger echter Freud hier in M-Town, und das wäre mir wirklich wichtig, verstehst du das? Ich hab euch beide in meinem Heart gesaved, weißt du? … Hallo, Herbie?«

♦ ✦ ♦

Ja, da bin ich dann doch kurz still geworden, weil das war eigentlich gar nicht okay. Sie müssen nämlich wissen, am Mittwoch, da hatten der Arno und ich halt immer unsere BBV. Unsere Bajuwarische Bildungsveranstaltung. Jetzt nicht so direkt im akademischen Sinn, weil unter uns, da weiß der Arno eigentlich schon alles und auch mehr als ich. Denn dieses unter Preißn weitverbreitete Gen fürs Speichern von historischen Fakten, Namen, Jahreszahlen ... unglaublich is des!

Die Preißn brauchen ja auch eine Menge Material, was jederzeit abrufbar ist, damit die ihre hunderttausend verbalen Anschläge pro Stunde unterbringen! Und da sind so ein paar historische Fakten natürlich perfekt. Man ist laut und kann andere belehren – besser geht's für einen Preißn ja gar nicht!

Das Einzige, an was ich mich aus dem Geschichtsunterricht erinnern kann, ist »333 bei Issos Keilerei«. Ich hab jetzt auch erst einmal nachschauen müssen bei Wikipedia, was da eigentlich war anno 333[67], und es direkt danach sofort wieder vergessen. So, wie wenn man auf die Uhr schaut und jemand fragt einen danach, wie viel Uhr es ist, und man muss noch mal nachschauen. Sofort weg. Der Arno aber, der kann sich wirklich alles merken, was er einmal quergelesen hat. Brutal.

»Weißt du, Herbie«, hat er mir ganz am Anfang mal gesagt, »ich hab mir da so ein kleines Büchlein über die Bajuwaren aufs Klo gelegt, und jedes Mal, wenn es kraft eures fetten Essens wieder ein bisschen häufiger und

---

67 In der Schlacht bei Issos im Jahr 333 v. Chr. traf das makedonische Heer von Alexander dem Großen auf die Perser. Durch seinen Sieg herrschte Alexander schließlich über den westlichen Teil Persiens und mehrte entscheidend seinen Ruhm als Eroberer.

dazu noch länger nötig ist, dort zu verweilen, dann studiere ich einfach ein Kapitel.«

Ich hab mir da nix dabei gedacht, soll er das ruhig machen, während er macht, was er da halt macht, hab ich mir gesagt.

Womit ich natürlich nicht gerechnet hab, das war, dass er mir das alles beim nächsten Treffen brühwarm herunterbeten muss! Und wenn der Arno einmal anfängt … Sie wissen schon.

Jetzt möchten Sie vielleicht meinen, na ja, das schadet ja nix, wenn auch du, Harry, ein bissl was lernst über die historischen Ursprünge der Bajuwarii. Aber ich sag's Ihnen direkt: So lern ich einen Scheiss! Und da täten Sie auch nix lernen davon! Denn wenn der gemeine Preiß was erzählt, dann tut er das ja nicht, weil er will, dass Sie danach irgendwas *wissen*. Nein, der Preiß will Ihnen nur deswegen was erzählen, weil er Ihnen was erzählen will.

Oder noch banaler: Weil er mit Ihnen reden will.

Nein, schlimmer: Weil *er* reden will.

Es geht weder um Wissensvermittlung noch um Kommunikation im eigentlichen Sinn – es geht nur darum, dass der Preiß es nicht erträgt, wenn keiner redet! Manche ertragen es auch nicht, wenn jemand anders redet als sie selbst. Aber da muss ich den Arno ausnahmsweise in Schutz nehmen, denn er ist echt auch ein guter Zuhörer. Ein zu guter sogar, denn er merkt sich alles, was man sagt! Weil er sich, wie oben schon erzählt, eben saugut Sachen merken kann.

Gut, also, was ich damit ja nur sagen wollte: Der Arno braucht keine Infos über Jahreszahlen und andere wissenschaftliche Fakten. Die lernt er täglich auf dem Klo. Was der Arno aber umso mehr braucht, das ist eine emotionale Heranführung an das bayerische Lebensgefühl!

Und deswegen haben wir uns eben über ein Jahr lang jeden Mittwoch getroffen, um uns einem Stück typisch bayerischen Kulturguts zu widmen.

Das konnten Fernsehserien sein wie *Irgendwie und Sowieso*, *Kir Royal* oder auch *Das Königlich Bayerische Amtsgericht* und natürlich die berühmte Aufzeichnung vom Theaterstück *Der Brander Kaspar und das ewig Leben* mit der Zeichentrickversion vom *Münchner im Himmel* als Vorfilm. Sogar aus Büchern hatte ich ihm schon was vorgelesen! Das muss man sich mal vorstellen, was ich mir für einen Aufwand gemacht hab für die unfallfreie Eingliederung vom Arno – ich hab noch nia ned irgendwem freiwillig vorgelesen! Aber die *Baierische Weltgeschichte* vom Michl Ehbauer, die musste es dann schon sein – zumindest in Auszügen.

Na ja, zur Zeit waren wir mitten im *Monaco Franze* und die nächste Folge war eigentlich eine meiner liebsten. Also war ich jetzt erst einmal nicht *so* begeistert von der Damenbegleitung …

»Die Brit würde auch gern eine Freundin mitbringen, die zurzeit zu Besuch bei ihr ist. Ich hab sie gestern schon kennengelernt, wirklich sehr … nett.«

»Arno! Ich hab genau gehört, dass du da eine Pause gemacht hast vor dem ›nett‹«, hab ich ihn sofort unterbrochen. »So eine Pause kann viel heißen, das weißt du ganz genau!«

»Mensch, Herbie, du bist aber auch ein Nieselpriem, in dem Fall heißt es einfach nur, dass sie … nett ist«, versicherte mir der Arno und machte es damit nicht besser. »Na komm schon, Herbie. Das kann doch echt nett werden. Sieh es doch mal so: Dann schwafle ich nicht immer nur dich zu, hahaha!«

Diese Sicht der Dinge musste ich dringend geraderücken: »So ein Schmarrn, Arno. Es ist doch total wurscht, ob du mit deinem Gelaber mich oder irgendwen anders meinst«, erklärte ich mit Nachdruck. »Es ist doch so: Wenn ich im gleichen Raum bin wie du, dann krieg ich das genauso ab wie alle anderen. Wir leiden alle gemeinsam.«

»Auch wieder wahr, haha, sehr lustig, Herbie, alte Sockenkanone!«, dröhnte der Arno in meinen Gehörgang: »Also dann ist es abgemacht, ich sag der Brit und ihrer … Freundin Bescheid, und wir kommen am Mittwoch um 19:30 in alter Frische, bis dann! Hollerüttü!«

»Arno, Kreizdeifi, hör auf mit dem jod… Hallo?«

Ja sauber, hab ich mir gedacht, wia i mi gfrei …

Die Brit

Also Herbie, das ist die Brit, und das ist ihre Freundin Sendy mit e.«

Die funkelte den Arno wütend an: »Das mussde natürlsch gleisch dazusagn, damit mal so ostklischee-mäsisch gleisch alles glor is, ne?«

Verwundert schaute der Arno die Sendy an: »Aber … so hat die Brit dich doch auch vorgestellt.«

Da hob wiederum die Brit die Arme, als könnte sie damit das bohrende Gschau von ihrer Freundin abwehren: »Was? Nein, das hab ich … das war nur, weil …«

»No hrzlschn Dank«, murmelte die. »Wo komor dn hier mo püschern?«

Ich nahm an, dass sie die Toilette aufsuchen wollte, und deutete auf die entsprechende Tür rechts von mir. Sendymite nickte, nuschelte noch einmal irgendwas mit ü und verzog sich dann ins Bad.

Mei o mei, jetzt hab ich schon wieder das Gefühl, dass ich da was erklären muss. In so einem Buch, wo man mein Gesicht dazu nicht sehen kann, ist das halt ab und zu nötig.

Also, ich *mag* Dialekte. Generell schon deswegen, weil es Dialekte sind und weil das einfach was Schönes ist. Man hört, wo die Leut herkommen, erfährt was über ihr Verhältnis zu Grammatik und Phonetik – dem Thüringer sind zum Beispiel Variationen von Ü-Lauten wichtig, dem Franken sind bestimmte Konsonanten suspekt, und der Schwabe meidet bestimmte Artikel, indem er einfach an alles ein verniedlichendes -le anhängt. Man weiß einfach viel schneller, woran man ist.

Gerade *weil* ein Saarländer grundsätzlich auf alles mit »Ei jo« antwortet, sagt das mehr über ihn aus, als wenn ein Hannoveraner mich eine halbe Stunde lang zutextet.

Und auch beim Schimpfen im Dialekt erfährt man viel über die Menschen.

In Bayern zum Beispiel gibt es eine Menge Flüche, die gleichzeitig eine gewisse Gottesfurcht aufzeigen. Man ahnt, was mit »Sapprament« gemeint ist, und es ist klar, dass bei »Kreuz-Birnbaum und Hollerstaudn« nicht die Pflanzenwelt beschimpft wird. Das ist einfach so elegant knapp vorbei an der Gotteslästerung, dass selbst Gott der Herr einem da auf dem Papier nix Verwerfliches nachweisen kann.

Man kann auch im entscheidenden Moment noch abbiegen, bevor der Fluch Gefahr läuft, die himmlischen Heerscharen zu verärgern, wie zum Beispiel bei »Alle Kreuz-, Kruzifix- und Fahnenträger her zu mir!«. Was wie ein Fluch beginnt, wird im wahrsten Sinn des Wortes *scheinheilig* in einen Sammelruf verwandelt.

Wenn man das plärrt, weil man sich beim Bildaufhängen im Wohnzimmer grad auf den Daumen gehämmert hat, ist zwar offensichtlich, dass man nicht wirklich die

Teilnehmer einer Prozession zu sich rufen will. Aber man mag es sich mit *dem da droben* dann halt doch nicht verscherzen. Am End gibt's den tatsächlich, und dann steht man da.

Kurz, ich mag Dialekte, nicht nur den meinen, und eben auch Schimpfworte und Flüche in anderen Mundarten, ich hab eine richtige Freud da dran. *Aber* – es war ja klar, dass da ein *Aber* kommt – wenn so ein Dialekt dann aus dem Mund von einer Person kommt, die mich nervt, dann hilft die Mundart auch nicht. Wenn jemand ein netter Mensch ist und im Dialekt spricht, dann klingt das erst einmal eher sympathisch. Ist dieser Jemand aber ein Saudepp, dann multipliziert die Mundart das Saudepperte dieser Person mit unzählbaren Potenzen. Auf mein Hassküchal[68] addiert der Dialekt dann noch das Sahnehäuberl drauf.

Bietet mir ein Schwabe »noch e Schöpple Wein« an, dann ist das nett. Wenn er mir aber mit seiner scheiß »Kehrwoch, abr jetzt schleinig« in den Ohren hängt, weil ich dran bin mit Stiegenputzen, dann kann es schon mal lauter werden im Treppenhaus.

♦ ♦

Zurück zu der grausligen Situation. Die Sendymite war angfressn[69] im Bad verschwunden, und wir verbliebenen drei nützten den Moment, um uns gegenseitig vorwurfsvoll anzuschauen. Ich den Arno, weil er das Entree schon mal sauber versemmelt hatte, die Brit den Arno, weil er

---

68 Hassküchal, das: Hier ein kleiner Kuchen/Törtchen/Gebäck oder auch Schmalzgebackenes aus Hass.

69 Angfressn: Angefressen sein, beleidigt oder sauer.

der Sendymite verraten hatte, dass sie wiederum ihm das mit dem e verraten hatte, und der Arno mich, als ich lachte und sagte: »Ja sauber, Arno, endlich bin's mal ned i, der gleich am Anfang neigrätscht.«

In dieser eher düsteren Stimmung begaben wir uns dann ins Wohnzimmer, wo ich sogar ein bissl aufgeräumt und für eine subtile boarische Gemütlichkeit gesorgt hatte.

Ich hatte weiß-blaue Servietten hingerichtet[70], dazu vier Maßkrügerl aufgestellt und in deren Mitte einen kleinen »Münchner im Himmel« in Schlumpfgröße platziert, der grantig seine Harfe in die Luft schüttelte. Außerdem hatte ich auf dem Wohnzimmertisch ein paar bayerische Kleinigkeiten fürs Ambiente sowie für den kleinen bis mittelschweren Fressanfall angerichtet: ein Brotzeitbrettl mit Wammerl[71], Wurscht und Würschtl, ein bissl an Kaas und dazu ein Bauernbrot, Brezn und Butter.

»Macht's euch bequem und greift's nur zu«, sagte ich zum Arno und zur Brit. Der Arno leistete der Einladung wie immer gleich Folge, und schon waren es zwei Gurkerl und ein Landjäger weniger. Aber die Brit stand nur da und schaute sparsam[72] umeinander.

»Stimmt was ned?«, fragte ich brav gastgeberig.

---

70 Hinrichten: Bedeutet (nicht erst seit dem Stoiber Ede seinen Blumen), dass man sich mit der Platzierung von Dekorationsobjekten besondere Mühe gibt.

71 Wammerl: Schweinebauch, gekocht, gebraten, gepökelt, geräuchert …

72 Sparsam schauen: Damit ist nicht die tatsächliche Sparsamkeit gemeint, sondern eher ein missbilligendes Dreinschauen mit leicht gespitzten Lippen und despektierlichem Ausdruck. »Was schaugts denn so sparsam?« sagt man zum Beispiel, wenn die Schwiegermutter stumm ihrer Unzufriedenheit über die Unterbringung im Gästezimmer Ausdruck verleiht.

»Haha, ach nein, natürlich nicht, wie könnte es«, erklärte die Brit, aber ihr Gesicht passte nicht zum Gesagten.

»Die Brit isst kein Fleisch«, erklärte der Arno kauend, und ich zuckte mit den Achseln: »Muss sie ja nicht.«

Da lachte die Brit trocken auf: »Na ja, aber es steht nun mal da, und man muss es ansehen, nicht wahr?«

Ich verstand immer noch nix. »Und wenn du irgendwo was zum Essen sehen kannst, dann musst du es gleich zammfressn, oder wie? Lass es doch einfach stehn, mir packen des scho alloa, der Arno und i.«

Da rollte die Brit die Augen so weit nach oben, dass ich kurz nur noch das Weiße sehen konnte, und da schoss es auch schon aus ihr heraus wie die Erbsensuppn aus der Frau im Exorzisten: »Ihr Fleischfresser seid doch wirklich … ekelhaft! Widerlich! So ignorant in eurer Rotwurstwelt, so gleichgültig gegenüber anderen Lebensformen, ob Tier oder Mensch, ihr schnappt und beißt um euch, und die Gefühle anderer sind euch völlig egal!«

»W… was is denn …«, stotterte ich nur, denn ich war ganz ehrlich einfach überrumpelt. Und wenn's mir amal die Sprache verschlagt, dann nur wegen einer sauberen Bockfotzn[73] – in diesem Fall einer verbalen solchen.

Gott sei Dank musste die Brit sich nun erst einmal wieder beruhigen. Dazu machte sie ein schnaubendes Geräusch, dann dreimal »pff, pff, pff«. Dann atmete sie drei Mal betont durch die Nase ein und wieder aus und bewegte dabei ihre Hände, als würd sie irgendwas in den Boden hineindrücken.

Dieses Theater reichte mir, damit ich meine Sprach-

---

73 Abermals sei der Hinweis gestattet, dass es sich hier um eine *Ohrfeige* handelt.

werkzeuge wieder in den Griff bekam: »Zerreist's die jetzt?«, fragte ich den Arno hoffnungsvoll.

Doch der hörte nicht auf mich und säuselte stattdessen in sein grantiges Gspusi[74]: »Brit, hey, so ist er eben, der Herbie, er meint das nicht so.«

»Was mein ich nicht so?«, fragte ich genervt dazwischen. »Dass sie das nicht alles auffressn muss, oder dass wir alles zammhaun? Und warum is ihr des ned einfach wurscht?«

»Ja, ja, haha, *Wurscht*, sehr witzig, das hab ich gemerkt«, zischte da die Brit in meine Richtung, ohne aber den Blick vom Arno zu nehmen. »Dein *Freund* ist ja eine Stimmungsgranate. Und sooo tolerant, ich *muss* ja nicht essen, wenn ich nicht will, ganz toll. E-kel-haft!«

Da schwoll mir dann doch der Hals zu, und gleichzeitig ging mir das Kragenknöpferl auf: »Ja sag amal, du Krampfhenna[75]!«, schimpfte ich los, obwohl der Arno wieder mal mit den Händen ruderte wie ein Kolibri nach der Adrenalinspritzn: »Mir is doch des total egal, was du frisst oda ned, vo mir aus konnst den ganzn Ombd lang Ingwawassa zuzzln, aba i wea doch no bei mia dahoam essn deaffa, wos i mog[76]! Oda wia schaugt's aus, ha?«

»Ich habe leider nur ein Viertel dessen verstanden, was Sie mir da gerade entgegengehustet haben, Herr … Herbie«, näselte die Brit, jetzt wieder beim Sie – immerhin das hatte sie schon gelernt bei uns in Bayern. »Aber ich

---

74 Gspusi: (Gschbusi) Die Liebschaft, von ital. sposa, sposo (Braut, Bräutigam), münchnerisch auch veralbernd hochgestochen »das Gespons«.

75 Krampfhenna, die: Krampfhenne, zumeist weibliche, anstrengende und wichtigtuerische Person, die »Krampf« – also Blödsinn – redet.

76 … von mir aus kannst du den ganzen Abend an deinem Ingwerwasser nippen, aber ich nehme an, dass ich in meinen eigenen vier Wänden doch wohl essen darf, was mir beliebt?

bin so klug, von ihresgleichen nichts anderes zu erwarten als Vorurteile und Veggie-Shaming.«

»Veggie-Shaming …«, wiederholte ich, »so hoast ma des jetzt, wemma wos zum essen aufduad[77]. Arno, du sagst ja gar nix, wos is los?«

Der Arno hatte sich drauf beschränkt, erschrocken hin und her zu schauen und dabei nach Luft zu schnappen wie ein Guppy. Vielleicht hatte er aber auch nichts verstanden, schließlich entgleitet mir manchmal das Idiom, wenn mich der Furor packt.

»Ich … ich … also der Herbie hat das bestimmt nicht so … er ist eben ein wenig rustikaler als …«

»Höh!«, machte ich da sofort, denn das ging jetzt wirklich zu weit: »Bin jetzt ohne Schmarrn *ich* der Depp, weil de Kaifzanga[78] do moant, i deaf wega ihra bloß no Mangoldblattl lutschn, oda wia?«

Da tappte die Sendymite ins Wohnzimmer und schaute fragend in die Runde: »Wasn nu?«

»Die gnä Frau ist nicht einverstanden mit meinem optionalen Nahrungsangebot«, erklärte ich. »Magst du vielleicht ein Stückl Wurscht?«

»No«, sagte die Sendy, und an der Stelle muss ich jetzt was erklären: Was ich nämlich bis zu diesem Zeitpunkt nicht wusste, war, dass man in Thüringen »No« sagt, was wie das französische »Nein« klingt, aber eigentlich »Ja« meint! Also eher so was wie ein »Na« in »Na klar«. Das tatsächliche »Nein« klingt im Thüringischen wie ein »Nä«.

Für mich hatte sie also gerade mit »Nein« geantwortet, obwohl sie eigentlich das Gegenteil gesagt hatte. Daraus

---

77 Aufduan, das: Essen auftun, auf den Teller legen, anbieten.
78 Kaifzanga, die: Wortspiel mit K(n)eifzange, zänkisches Weib.

entspann sich folgender Dialog, den ich Ihnen auf keinen Fall vorenthalten will.

Harry: Was? Du bist auch so drauf?

Sendy: Nä.

Harry: Ach so, ja dann bitte greif zu.

Sendy: No.

Harry: Ja was jetzt! Magst du a Würschdl oder nicht?

Sendy: Na no!

Harry: Hast keinen Hunger?

Sendy: Nä.

Harry: Aber du magst generell Fleisch?

Sendy: No.

Harry: Nicht?

Sendy: Na no!

Harry: DANN LASST ES HALT BLEIBEN, KREIZDEIFI!

Sendy: Wasnuloes[79]?

♦ ◯ ♦

Erst ein halbes Jahr später hat mir ein Arbeitskollege aus Gotha geholfen, diesen Moment in seiner Gänze geistig zu durchdringen. Dass die Sendy generell zur Einsilbigkeit neigte, machte es natürlich nicht grad einfacher. Ein einziger vollständiger Satz zur landestypischen Verwendung der Silbe »No«, und es wär zu keinem Ausfall in Großbuchstaben gekommen. So aber war der Abend zu Ende, bevor er begonnen hatte, und ich war schon wieder weit über der Betriebstemperatur.

Nie wieder hab ich übrigens den Arno so hilflos erlebt wie an diesem Abend: Sein bester Freund und München-

---

79 Wasnuloes: Lautmalerisch wiedergegebenes Thüringerisch, wie es für den Harry klang, meinend: Was ist denn jetzt los?

Mentor Harry war offensichtlich inkompatibel zu seiner Flamme und der besten Freundin, und er konnte nix tun außer zuschauen, wie es immer schlimmer wurde.

♦ ∞ ♦

Ich weiß noch gut, wie die Sendy ihre Freundin Brit am Ärmel zur Tür gezogen hat: »Noch so 'n Münschner Knetscher[80]. Komm, die ham hier alle nur bunde Knede in dar Nischel[81].«

»Ja, ist wohl besser«, kam von der Brit zurück, die dem Arno im Rausgehen kurz zugenickt und mich dabei überhaupt nicht mehr beachtet hat. Eine halbe Minute später war nur noch die Haustür zu hören, und dann waren wir alleine, mein Isarpreiß und ich.

»Arno, jetzt amal ganz im Ernst ...«, hab ich angefangen, aber der Arno drehte sich einfach nur weg. Dann tappte er in die Küche, holte sich ein Helles aus dem Kühlschrank, öffnete es und nahm sich sogar die Zeit, den Inhalt der Flasche fachmännisch blitzsauber in einen der Maßkrüge einzuschenken.

Mit einem Seufzer, der klang, als würden sich zehn gebürtige Münchner gleichzeitig an eine Biergartengarnitur setzen, ließ er sich dann auf meiner Couch nieder, griff sich den letzten Landjäger und schaute mich fragend an.

»Na was is, Herbie? *Monaco Franze,* oder was?«

Näher kam der Arno selten an den typisch münchnerischen Gleichmut.

---

80 Knetscher, der: Person, die viel meckert, labert.
81 Nur bunde Knede in dar Nischel: Thüringisch für »(jemand hat) nur bunte Knete im Kopf«, ist also dumm oder verrückt.

Ein stilles Wasser

Ich saß vorm Roxy[82] und wartete auf meinen Isarpreißn. Extra eine halbe Stunde früher war ich gekommen, um mir die ganze Gaudi noch einmal in aller Ruhe zu Gemüte führen zu können. Schließlich musste ich als professioneller Münchner Mentor auch alles prägnant zusammenfassen können, damit der Arno das in sein phänomenales Gedächtnis speichern und bei Bedarf abrufen konnte. Aber umso essenzieller ist die richtige Einschätzung dessen, was sich da vor einem abspielt! Und dazu brauchte er natürlich mich.

Leider hatte ich mal wieder die klischeedeutsche Übereifrigkeit vom Arno unterschätzt. Natürlich war auch er eine halbe Stunde früher zur Stelle, um auf keinen Fall zu spät zu kommen.

»Mensch, Herbie, du auch schon hier?«

»Harry. Und ja, ich bin a scho do. Griasde, Arno.«

»Kri-asde auch, Herbie. Na, alles senkrecht?«

---

82 Das Roxy an der Münchner Leopoldstraße musste leider im Sommer 2016 schließen. Sie finden aber entlang dieser Straße auch andere Cafés, die den hier beschriebenen »Charme« zumindest erahnen lassen.

Schon war es Zeit für meinen ersten Seufzer. Ich deutete neben mich auf den Stuhl und begann mit der ersten Lektion für heute: »Arno. Es hoast ›Griasde‹ in einem Wort. Nicht ›Kri-asde‹. Das kommt von ›Grüße dich‹, also Griaßde, verstehst? Des is doch ganz logisch.«

»Na ja, *Grüße* und *dich* sind doch auch zwei Wörter, also warum soll es für mich logisch sein, dass ihr Bajuwaren es zu einem Wort zusammenschmelzt?«

»Oh mei, na guad, dann sagst hald in Zukunft ›Habedehre‹.«

»Das wären dann, gemäß deiner Erklärung dazumal, drei Wörter, und zwar *Habe, die* und *Ehre*«, führte der Arno aus und entblödete sich nicht, dabei auch noch den Erklärbär-Zeigefinger hochzustrecken.

»Sagamal, was willst denn jetzt vo mir?«, fragte ich nun doch ein wenig ungehalten. »Da bin ich extra da, damit ich dir was über unser Sprach und unser Stodt erklär, und jetzt fangst du scho wieder o?« Aber der Arno war nun nicht mehr aufzuhalten.

»Ich bestreite ja gar nicht, dass diese Wörter im Dialekt zu einem einzigen phonetischen Begriff zusammengeschliffen wurden, Herbie«, legte er mir so geduldig dar, dass es mich noch ein bissl mehr nervte. »Ich will damit nur sagen, dass du es nicht logisch erklären kannst, weil sich das Zusammenziehen von mehreren Wörtern nicht zwingend ergibt.«

»Ja mei, für mi scho«, antwortete ich nur und winkte der Bedienung. Die junge Frau nickte und näherte sich.

»Jameifürmischoo«, wiederholte der Arno. »Das waren mal fünf Wörter, richtig? *Ja, nun, für, mich* und *schon.*«

»Wos? Naa!«, rief ich, was die Bedienung nun auf sich bezog. Ich wedelte mit den Händen und winkte ihr zu: »Na, ned Sie! Ich mein, doch: Sie scho. Also bitte kommen's her, zum Bestellen. Ich hab ihn da gemeint mit ›Wos naa!‹.«

»Wosnaa …«, murmelte der Arno, und ich hätt ihn jetzt am liebsten am Kragen gepackt und geschüttelt.

»Arno! Das sind zwei Worte! Wos und naa! Zwei Worte! Mit einer Pause dazwischen!«

»Aber woran soll man das denn erkennen, Herbie?«, antwortete mir der Isarpreiß so seelenruhig und damit gleichzeitig so enervierend, wie es nur seiner Spezies gegeben ist.

»Ihr macht das ganz, wie euch der Schnabel gewachsen ist. Mal so und mal so, es folgt keiner Logik. Das wollte ich doch damit nur sagen.«

Die Kellnerin stand nun schon etwas länger neben mir und schaute mich fragend an. Ich bestellte einen doppelten Espresso, und sie tippte es in ihr Smartphone-ähnliches Gerät.

Dass ich so schnell bestellt hatte, versetzte den Arno jetzt allerdings in massiven Zugzwang, und er schnappte sich die Getränkekarte.

»Mei, ich Depp«, dachte ich mir. Umgodswuin, was hatte ich getan!? Ich hatte den Kardinalfehler begangen und bestellt, bevor der Preiß wusste, was er will. Ich ahnte, was nun folgte, und vergrub schon mal das Gesicht in meinen Händen.

»Ach ja, natürlich, wir machen das ganz schnell«, fing der Arno harmlos an, als wollte er die junge Frau in Sicherheit wiegen, um dann überraschend die Attacke zu reiten.

»Ich hätte gerne ein Wasser bitte, ohne Kohlensäure … ach Moment, Sie haben ja auch Tee, das ist ja schön, was haben Sie denn für Tee?«

»Des steht da in da Kartn direkt vor dir«, raunte ich ihm durch halb geöffnete Finger zu.

»Ja, natürlich, ich dachte nur, man kann ja auch mal fragen. Was für einen Tee empfehlen Sie mir denn? Was sollte ich dringend mal probieren?«

Die Bedienung zuckte kaum merklich mit den Achseln: »Also … der Roibuschtee wird viel bestellt.«

»Ja, das glaube ich gern, haha!«, lachte der Arno. »Aber das ist ja keine direkte Empfehlung, sondern eher eine Art Auswertung des allgemeinen Bestellverhaltens. Ich meinte eher, was Sie persönlich empfehlen würden, junge Frau? Sie müssen doch eine Vorliebe haben?«

»Ich trink keinen Tee«, antwortete die. »Bin eher der Kaffeetyp.«

»Kaffeetyp, ah, ich verstehe, was haben wir denn so an Kaffee?«, schwenkte der Arno sofort um.

»Ich kann gern in ein paar Minuten noch mal …«, versuchte die Bedienung, aber ich hob nur den Blick, schaute sie stumm an und schüttelte traurig den Kopf. So leicht würde es ihr der Arno nicht machen.

»Nein, nein, nein, wir haben es gleich, der Herbie will doch seinen Expresso. Moment, Moment, Café Latte, Capuschinjo, Verlängerter … Bitte, was ist denn ein Verlängerter?«

»Das ist eine Wiener Kaffeehausspezialität. Hier wird der Kleine Schwarze nach dem Brühen noch einmal mit derselben Menge Wasser verlängert«, erklärte die junge Frau fehlerfrei.

»Aha, der Kaffee ist also wässriger, dafür aber teurer als ein Espresso, hahaha!«, scherzte der Arno, ohne dass ich irgendeinen Anflug von Pointe erkennen konnte. »Eine Kaffeeschorle, sozusagen, haha? Verstehen Sie? Weil da ja auch das Wasser in den Apfelsaft … Klar? Nein? Egal. Na, das spar ich mir dann doch. Wissen Sie was, ich nehm einfach einen Longdrink, Arbeit is ja rum. Also ich meine nicht Rum wie die Spirituose, sondern rum wie rum-kugeln, verstehn Sie?«

»Arno …«, flüsterte ich, »bitte keine Wortspiele mehr, bitte … bestell doch einfach was.«

»Oh, dem Herrn Herbie hier wird's schon wieder pein-lich, da tritt die Humorresistenz der bayerischen Spezies höchst eindrucksvoll zutage, nicht wahr. Aber gut, dann sei es also ein Longdrink.«

»Wir haben mehrere Longdrinks, was hätten Sie denn gern?«, fragte die Bedienung tapfer.

»Ach, weiß nicht, was empfehlen Sie mir denn?«

»Wodka Bull?«, schlug sie vor.

Arno lachte: »Waaas? Dieses Kaugummigetränk? Also bitte, das ist vielleicht was für junge Hüpfer in Ihrem Alter, aber ich …«

»Gin Tonic? Wodka Lemon? Whisky Cola?«, versuchte es die Frau erneut, aber der Arno schüttelte nur den Kopf.

»Ts, ts, ts, meine Liebe. Also was die Empfehlung an-geht, müssen Sie noch einiges lernen, wenn Sie es in die-sem Job weiterbringen wollen.«

»Ich will's in dem Job gar nicht weiterbringen, ich brauch das Geld fürs Studium«, gab die zurück, und ich lachte kurz auf.

Nicht so der Arno.

»Na, aber deswegen kann man doch seine Arbeit trotz-dem gut machen, oder nicht?«

»Was mach ich denn Ihrer Meinung nach nicht gut?«, fragte die junge Frau jetzt schon ein bissl verzweifelt. »Ich trink keinen Tee und mag Wodka Bull, was Sie nicht mögen, okay – aber trotzdem bring ich Ihnen doch alles, was Sie haben wollen, wenn Sie sich jetzt vielleicht ent-scheiden würden? …«

»JA, nun hetzen Sie mich mal nicht, bittedanke!«, bellte der Arno zurück.

»Ist bitte und danke ein Wort oder sind das eigentlich zwei?«, fragte ich dazwischen, und der Arno schaute mich verwundert an.

Diese Lücke nützte ich: »Der Gaudibursch neben mir mag ein stilles Wasser und schaut dann in Ruhe, was er vielleicht sonst noch will, dankschee und erhol dich gut.«

Dankbar flüchtete die Bedienung, und der Arno ließ die Karte sinken: »Also dass dir das immer gleich peinlich ist, wenn ich mal mit Leuten ins Gespräch komme ...«

»Arno«, begann ich in typischem Tonfall und mit dem üblichen Seufzer.

»Was ist denn?«, fragte der Arno, schaute mich mit tellerrandgroßen Augen an, und mir wurde wieder einmal klar, dass er ganz offensichtlich überhaupt nicht bemerkt hatte, wie anstrengend er war.

Dieser unschuldige, kuaaugerte[83] Blick, der brachte mich dann doch zum Lachen. Was soll's, anstrengend waren wir bestimmt beide. Er für mich und ich für ihn.

»Ich glaub, das kann ich dir jetzt nicht erklären, das müssen wir einfach im Lauf der Zeit abschleifen«, erklärte ich. »Wir sind ja wegen was ganz anderem hier. Achtung, Unterrichtsbeginn!«

---

83 Kuaaugert: Kuh-äugig, also mit großen, auch unschuldigen Augen.

Leo

Ich deutete um mich herum und fragte: »Was fällt dir hier auf der Leopoldstraße auf?«

»Du meinst jetzt architektonisch oder …«

»Nein, Arno. Ich meine nur dann architektonisch, wenn wir vor irgendwas stehen, was ALT ausschaut. Mir geht's drum, ob dir hier was auffällt.«

Mein Isarpreiß sah sich um, und ich konnte förmlich sehen, wie er alles im Umkreis in sich aufsaugte, es in seinem fraglos riesigen Hirn zerlegte, analysierte, Bodenproben nahm und diese chemisch untersuchte …

»Soll ich lösen?«, fragte ich, aber der Arno winkte ab.

»Gib mir einen Hinweis, Herbie. Sonst lerne ich ja nichts.«

Ich deutete stumm auf die Stühle, auf denen wir saßen, und dann entlang der anderen Stuhlreihen und schaute den Arno auffordernd an.

Da verstand er und klatschte begeistert in die Hände: »Ich hab's, ich hab's! Die Stühle stehen hier nicht wie bei normalen Menschen einander zugewandt, sondern nebeneinander aufgereiht! Das ist es, stimmt's?«

»Guter Arno, braver Arno«, lobte ich, denn genau das

hatte ich gemeint. Deswegen hatte ich mich auch mit ihm genau hier im Roxy getroffen, denn typischer konnte man auf der Leopoldstraße kaum sitzen. Alle Stühle stehen nebeneinander in mehreren Reihen mit dem Blick nach vorne, wie im Theaterparkett. Und das trifft's auch ziemlich genau, denn die Bühne sind Gehweg und Straße, und die Darsteller sind die Leute, die da entlanglaufen oder -fahren.

♦ ✆ ♦

Die meisten wissen davon natürlich nix und schlendern ganz normal die Straße entlang, aber genau das ist ja Teil der Gaudi. Nirgendwo sonst kann man so schön sitzen und sich die Leut anschauen wie auf der Münchner Leopoldstraße! Und was Sie da sehen, das ist … das ist … na ja, irgendwie alles: kurios, wahnsinnig, wahnsinnig greislig, saublöd, liab, schee, grausam, deppert, lustig. Wie wir Menschen eben sind.

Ja, ja, ja, ich hör Sie natürlich bis hier raus an die Tastatur, wie Sie mir jetzt alles Mögliche vorwerfen: Oberflächlichkeit, Snobismus, was weiß ich.

Aber wissen Sie was? Das kratzt mich nicht. Denn ich weiß: Sobald Sie hier sitzen, schauen Sie sich auch das Gruselkabinett an und denken sich Ihren Teil. Kann schon sein, dass Sie es nicht zugeben oder gar in ein Buch hineinschreiben würden, so wie ich das hier recht ungeniert tue. Aber vor dem Faszinosum Mensch in all seinen Facetten sind auch Sie nicht gefeit, glaum's mas.

Ich muss ganz ehrlich sagen, wenn der Arno nicht gewesen wär, dann hätt ich mich sicher nicht hier reingesetzt. Aber als Beispiel für die unfassbare Schnöseligkeit der Münchner Möchtegern-Schickeria gab es einfach kein besseres Demomaterial als diesen Laden.

◆ ∞ ◆

»Guck mal die, kenn ich die nicht aus dem Fernsehen?«, fragte der Arno gerade und deutete auf eine groß gewachsene Frau mit Brüsten, die aussahen, als hätt sie die gerade an der Tankstelle neu aufgepumpt.

»Erstens bitte nicht so offensichtlich deuten …«, erklärte ich, »… und zweitens denkt man hier bei jeder dritten Person, die nicht wie ein Touri ausschaut, dass man sie aus *Leute heute* kennt. Ins Fernsehen wollen täten die meisten natürlich schon, aber im Fernsehen drin sind die wenigsten von denen, die so ausschauen, als wären sie's.«

»Aha«, nickte der Arno und wollte grad wieder eine Beobachtung formulieren, als er von einem aufheulenden Motor unterbrochen wurde. »Was war DAS denn? Spinnt der?«

»Ja, scho… Aber auch das gehört gewissermaßen dazu zur Leopoldstraß. Aus Gründen, die mir persönlich schleierhaft bleiben, ist es wohl für manche Deppenköpf das Größte, wenn sie von Freitag- bis Sonntagabend die Leo rauf und runter brettern und dabei ab und zu amal richtig Gas geben können, damit auch wirklich alle hinschaun.«

»Und … was soll der Unsinn?«

Ich zuckte mit den Achseln. »Wir Münchner sagen da immer: *Für den, der's mog, is des as Höchste.*«

Die Bedienung kam und stellte meinen Espresso und das stille Wasser für den Arno hin. Dann seufzte sie einmal kaum hörbar und fragte: »Wollen Sie vielleicht auch was essen?«

»Na, da sag ich doch nicht Nein, was, Herbie?«, legte der Arno gleich los und schnappte sich die Speisekarte.

Die junge Frau und ich wechselten einen wissenden Blick. Das half ihr. Nicht viel, aber ein bissl schon.

»Sooo … die Knotschi, die hören sich doch gut an … obwohl … Scherritomaten, ich bin ja nicht so der Sherrytyp, Moment, ich hab's gleich. Safransoße ist schon auch lecker, aber … ach obwohl, Fussili, Fussili, sagen Sie, was sind doch gleich Fussili?«

»Das sind die Nudeln, die so gezwirbelt aussehen«, antwortete die Bedienung.

»Ach so, ja, genau, aha. Ja, die mag ich jetzt nicht. Fussili, das klingt wie Fussel, und wer will schon Wollmäuse im Essen, hahaha!«

»Arno, noch ein Wortspiel, und ibringdium!«

»Ibringdium? Klingt wie ein Edelmetall, große Ibringdium-Vorkommen auf der Leopoldstraße gesichtet, hahaha, Schürfrechte liegen bei …«

»Arno! Bitte, bitte keine Wortspiele mehr, bitte bestell was. Bitte.«

»Du liebes bisschen, heute ist wieder alles schlimm mit deinem Isarpreißen, gell? Na ja, vielleicht nehm ich einfach eine Caprese, kann man kaum was falsch machen, Balsamico drauf, fertig. Mozzarrella ist ja nur Trägermaterial für Essig, sag ich immer, hahaha. So, was haben wir denn noch … können Sie mir denn was empfehlen? Was ist denn frisch?«

»Die Burger sind …«

»Ach ja, natürlich, gefrorene Patties in Weizengluten mit Ketchup de luxe, na ja, also …«

»ALSO genau das hätten wir gern, und zwar zwei Mal«, unterbrach ich das Trauerspiel und schaute den Arno dabei so scharf an, dass er tatsächlich nickte. Dankbar floh die Bedienung hinfort, und ich lenkte meinen Isarpreißn ab mit Infos, die er begierig aufsaugte.

Ich erzählte ihm, dass der damalige Lebensgefährte der alterslosen Iris Berben das Roxy hier Anfang der Neunziger aufgemacht hatte und dass auch andere, ähnlich angeschnöselte Läden dazugehörten wie das Café Wiener Platz, das Atlas und andere. Ihnen allen gemein war ein erhöhtes Aufkommen von BWLern in Pullundern, Segeltuchschuhen und mit so viel Haargel, dass man daraus eine ganze Terrakotta-Armee aus Karl-Theodor zu Guttenbergs hätte formen können. Also, wenn man anstatt Terrakotta Haargel genommen hätte … womit es dann also eine Haargel-Armee wäre … weil der zu Guttenberg doch immer … Umgodswuin, ich fang schon an, Witze zu erklären – mein Isarpreiß färbt ab!

Entsprechend war auch der Einrichtungsstil der Klitschn – alles zielte darauf ab, dass man sich als was Besseres fühlen konnte. Ich erinnere mich an einen Besuch im Café Wiener Platz, wo wir mal zu fünft was essen wollten, aber die kleinen Zweiertische nicht zusammenschieben durften, weil es laut der Bedienung »zum Raumkonzept gehört, dass die Tische genau so stehen«. Was soll's, haben wir uns eben eineinhalb Stunden lang entsprechend lauter unterhalten und uns alles über die Tischlücken hinweg zugeplärrt.

»Das Roxy ist perfekt geeignet, um dir das alles zu präsentieren, und drum hab ich dich genau hierhergebracht, verstehst du?«, erklärte ich dem Arno fast schon entschuldigend.

Der nickte eifrig. »Ja, es ist wirklich super hier. Nettes Ambiente, hübsche Einrichtung, alles gut, gefällt mir, können wir gern öfter herkommen.«

Ich war kurz sprachlos, aber der Arno natürlich nicht im

Geringsten: »Sitzen ja auch nette Leute hier. Hallööchen!«, rief er dem Schnösel und seiner Schnöselin im Entenjagd-Outfit des englischen Landadels zu, die sich gerade zwei Stühle weiter in die gleiche Reihe setzen wollten.

Wortlos wechselten die beiden sofort deutlich weiter nach rechts, bis sie ganz am Ende der Reihe saßen. Dabei vermieden sie jeden weiteren Blickkontakt.

Mir war das ganz recht, denn ich hatte schon Sorge gehabt, dass wir nachher beim Aufstehen auf der Haargel-Schmierspur von dem Hansl ausrutschen. Alternativ hätt's auch sein können, dass mir was von ihrer Bräunungscreme ins Essen bröselt und sich dann meine Zunge orangerot färbt.

»Also, ihr Münchner seid schon wirklich ein komisches Volk, das muss ich immer wieder feststellen«, wunderte sich der Arno. Für ihn war völlig unverständlich, dass sich die beiden nach seiner Kontaktaufnahme nicht noch näher zu uns, sondern eben so weit wie möglich weggesetzt hatten.

»Oh mei, Arno …«, sagte ich, »viel lernen du musst.«

Der lachte nur und beugte sich dann fast schon verschwörerisch zu mir herüber: »Sag mal, Herbie …«

»Harry.«

»Ja, weiß ich. Also, wann gehen wir eigentlich mal in dieses Schickeria?«

Das riesengroße Fragezeichen in meinem Gesichtsausdruck schien er zu ignorieren, denn er blinzelte mir nur weiter verschwörerisch zu. Dann wollte ich mich einfach nur noch auf ihn stürzen und so lange würgen, bis er den falschen Artikel vor Schickeria wieder ausgespuckt hatte. Doch eigentlich war er ja ein ganz ein Lieber, der Arno. Immer wissbegierig, stets bemüht, alles richtig zu machen. Und ich? Ich machte es ihm mit meiner Art nicht unbedingt leichter. Gut, es war vielleicht eine saublöde Idee gewesen, dass ausgerechnet ich mich als Mentor einsetze, der ich doch schon einen Ausschlag am Arsch krieg, wenn mich ein Isarpreiß nur am Ärmel streift – doch ich will irgendwann behaupten können, dass ich wenigstens einen Einzigen von ihnen zu einem echten Münchner gemacht habe!

Aber immer nur Schimpfen, ermahnen und mit Verachtung strafen war schwarze Pädagogik in reinster Form, und das hatte der Menschheit nichts als Trauer, Elend und Verzweiflung eingebracht.

Ja, es war an der Zeit, dass ich dem Arno endlich mal etwas zurückgab. Und ich hatte eine ganz und gar wunderbare Idee, wie ich das tun würde …

»Nun, da du endlich diese alles entscheidende Frage gestellt hast, hab ich keine Wahl mehr. Ich muss den alten Pfaden folgen – und du mit mir«, raunte ich geheimnisvoll.

»Pfade … welche … wie?«, fragte der Arno verwundert. »Was ist denn plötzlich los mit dir?«

»Arno. Hoit dei Mei[84], zahl und komm mit.«

---

84 Hoit dei Mei, auch Halt die Goschn / Fotzn / Bappn: Wird im übrigen Bundesgebiet wohl mit »Halt's Maul« übersetzt.

Schickeria

*D*as ist das Schickeria?«, fragte der Arno und schaute sich auf der Straße um. Ich nickte feierlich.

»Aber … in diesem Lied, da wird das doch ganz anders beschrieben?«, protestierte er und fing tatsächlich auch noch an, den Hit der Spider Murphy Gang zu singen:

»Ja in Schwabing gibt's a Kneipn
Die muss ganz was Besondres sei
Da lassens solche Leit
Wie di und mi erst gar net nei …
in'd Sch…«

»Arno, bitte hab ein bissl mehr Respekt und wart's einfach ab«, mahnte ich todernst. »Du interessierst dich doch so für Geschichte, und ich hab gedacht, da fang ich doch einmal ganz ganz vorn an.«

Wir standen in einer kleinen Seitenstraße der Leopoldstraße, und ich deutete bedeutungsschwanger auf das Schaufenster einer kleinen Modeboutique.

»Es begab sich zu einer Zeit in den Siebzigern …«, sprach ich salbungsvoll, »… als die Frauen was Eigenes wollten, sei es ein Jodeldiplom, ein Beruf oder eben eine eigene Modeboutique wie diese hier: Das berühmte ›Gaby's Mode-Eck‹, damals schon wegweisend mit Deppenapostroph – früher Avantgarde, heute Prekariat.«

Bedächtig tat ich einen Schritt zurück und deutete hinauf zu den Fenstern über dem kleinen Laden: »Dort oben, da hatte sie ihr berühmt-berüchtigtes Büro, die Gaby. Dort empfing sie nicht nur modebegeisterte Menschen, sondern auch diskreten Herrenbesuch. Alle kamen sie, um von ihren erstaunlichen Liebeskünsten zu profitieren: der Strauß, der Gunther Sachs – alle. Sie war eine moderne Lola Montez, und die Geschichten, die sie zu erzählen gehabt hätte, nahm sie eines Tages mit ins Grab. Doch das nur nebenbei, denn die sagenumwobene Kreation der ›Schickeria‹ fand nicht dort oben zwischen den gemeinschaftlichen Schenkeln der Münchner Männergesellschaft statt, sondern in den beengten Räumlichkeiten dieses unscheinbaren Modeladens.«

»Du machst es aber echt spannend, Herbie, Mannomann …«, sagte der Arno, und ich nickte huldvoll.

»Ich weiß, oh Isarpreiß, ich weiß. Doch höre, wie es sich zugetragen, denn ich sage euch, es ist die Wahrheit, so wahr mir die Bavaria helfe und alle Fahnenträger mit ihr. Da drüben …«, ich zeigte auf ein beliebiges Fenster, »… genau DA hinter DIESEM Fenster trug es sich zu, dass ein Kunde neu eingekleidet wurde – wer genau, ist nicht überliefert, aber es könnt der Michael Graeter gewesen sein, der damals berühmter Klatschreporter der *Abendzeitung* war. Der soll sich in seinem neuen Anzug vor dem Spiegel gedreht haben, die Gaby mit prüfendem Blick neben ihm. Dann, so erzählt man sich, soll er gefragt haben: ›Schick?‹, und sie soll genickt und gerade zu einer Antwort angesetzt haben. Doch da trat aus der zweiten Umkleidekabine ausgerechnet sein Nebenbuhler und Vorgänger der *AZ*-Klatschkolumne Hannes »Hunter« Obermaier heraus! Im gleichen Anzug! Ein Eklat!«

»Ich dachte, das ist nur bei Frauen ein Probl…«, stammelte der Arno, aber ich brachte ihn mit einer ausladenden Handbewegung zum Schweigen.

»Das waren die SIEBZIGER, Arno! Wer sich daran erinnert, war nicht dabei! Verstehst du?«

»Ich… ich glaube nicht, Herbie …, aber warst du denn damals …«

»Schweig, oh Isarpreiß, in deiner jungfräulichen Unwissenheit über die großen Mythen der größten Helden unserer ehrwürdigen Stadt!«, rief ich. »Denn nun, nun geschah es – und die Gaby sei mein posthumer Zeuge –, so wahr mir der Kini[85] helfe, denn nun ging es Schlag auf Schlag: Der Graeter sagte ›Schick?‹, der Hunter sagte: ›Er?‹, lachte spöttisch und sagte dann: ›I aa.‹«

Eine Pause trat ein. Ich wartete ab.

Im Arnos Hirn arbeitete es so laut, dass ich erst dachte, nebenan wäre ein Betonmischer losgegangen. Ich konnte genau beobachten, wie er Silbe für Silbe zusammenschob, auf dass vor seinem geistigen Auge das Wort wie eine Leuchtreklame schien:

Schick. Er. I aa.

Dann trübte sich sein Blick, und er schaute mich lange an. Ich verzog keine Miene.

»Herbie …«

»Arno?«

---

85 Kini, der: Eigentlich »König«, aber mit DER KINI ist eigentlich immer König Ludwig II. gemeint.

»Du hast gerade nicht wirklich …«

»Doch Arno, extra für dich.«

»Du hast …, du hast ein …«

Ich nickte, und mir kam dann doch der Anflug eines Grinsens aus: »Jawohl, Arno. Ich habe soeben zum ersten Mal einen eigenen Wortspiel-Witz gemacht.«

»Und so einen unfassbar beschissenen noch dazu!«

»Ganz genau.«

»Und das … extra für mich?«

»Ja, extra für dich, Arno, einzigartiger, enervierender, extrovertierter und ganz eigener Isarpreiß, der du bist.«

Da konnte der Arno nicht mehr an sich halten. Er lief auf mich zu, schloss mich in seine Arme und hielt mich ganz, ganz fest.

Viel zu lang.

Und ich? Ich hielt die Nähe immerhin ein paar Sekunden aus. Das war ich ihm irgendwie schuldig. Und ganz ehrlich? So wahnsinnig schlimm war's gar nicht. Also schon schlimm, natürlich. Wir Münchner mögen das gar nicht. Ich mein, ich hätt das schon mehrfach erwähnt.

Aber so langsam waren wir dann doch zusammengewachsen, der Arno und ich. Und da darf man dann schon einmal eine Ausnahme machen.

Ausnahme.

»Ausnahme, Arno!«

»Oh, ja klar. Entschuldige. Aber … wenn du Geburtstag hast, da umarme ich dich dann noch einmal. Kannste Gift drauf nehmen, Herb … Harry.«

»Herbie. Für dich immer der Herbie.«

Über die Wiesn, Wälder und Auen

Auch wenn der Arno den Maßkrug immer noch mit beiden Händen hochhebt und bei der Bedienung »ein halbes Helles« bestellt, hab ich mich bei ihm inzwischen recht gut im Griff.

Aber die anderen Isarpreißn, die nerven natürlich nach wie vor ganz genauso. Manchmal sogar so brutal, dass ich dann doch einmal was sagen muss. Na gut, manchmal muss ich es vielleicht sogar schreien, einfach weil's mich sonst zerreißt.

Vor allem auf der Wiesn ist es halt schon schwer, sich zusammenzureißen, und da muss ich jetzt auf jeden Fall noch ein paar Worte verlieren, bevor das Bücherl gar is. Oder wie der Arno gesagt hat, als er es bis hierher gelesen hat: »Also Herbie, echt. Ein Schimpfbuch von einem Münchner ohne Oktoberfest-Bashing, das geht ja gar nicht.«

Recht hat er.

Also, da möchte man meinen, die ganze Welt schickt ihre deppertsten Deppen nach München und hofft, dass die sich da einfach totsaufen und wir sie dann irgendwo vergraben.

Stattdessen gibt's da eine Armada an Notärzten und Polizei und Sicherheitspersonal und woswoasi[86], die drauf aufpassen, dass die ganzen Bierleichen nach einer kurzen Rekonvaleszenz wieder den Weg zum Hotel, zum Bus oder zum Fliaga[87] finden und ihre Polyester-Lederhosn, die Maßkrug-Hüte und den ganzen Schmarrn bittschön wieder mitnehmen.

Eine Zeit lang war es ja kaum mehr möglich dass man als Münchner gmiatlich über die Wiesn wandert, irgendwo entspannt sei Hendl fieselt und ein, zwei Maß zischt. Denn auf der Wiesn herrscht ein einziges Gwurl[88], im Bierzelt akuter Arschlochalarm, und rundumadum[89] flackan[90] de bsuffan Wogscheidl[91] und schlafen ihren Rausch aus.

Die Bavaria – das ist die Münchener Version der Freiheitsstatue – muss doch das kalte Grausen kriegen während der Wiesn. Sie muss sich das ja die ganze Zeit über anschauen von ihrem Premiumplatz über der Theresienwiese, und als Statue kann sie ja weder schlafen noch blinzeln. Kein Wunder, dass die a bissl dramhabbad[92] dreinschaut.

---

86 Woswoasi: Wieder mal eigentlich kein Begriff, sondern ein zusammengezogenes Konglomerat aus den Worten wos woas i, also »was weiß ich«.

87 Fliaga, der: Flugzeug

88 Gwurl, das: Gewusel

89 Rundumadum: Rundherum

90 Flacka: Flacken, herumliegen

91 Bsuffas Wogscheidl, das: Ein Wogscheidl ist ein Wagenkeil, der zwar dazu taugt, den Wagen nicht wegrollen zu lassen, aber ansonsten eben herumliegt. Ganz so, wie das Betrunkene (Bsuffane) eben auch tun.

92 Dramhabbad, tramhappert: Von Tram (Traum) und Hapt (Haupt), also verträumt, aber auch neben sich stehend, verwirrt, durcheinander.

Zu gern tät ich einmal sehen, wie es die Bavaria hebt und die Frau Madam einfach hinabe[93] schbeibt[94] auf die ganzen blädgsuffan[95] Breznsoiza[96].

Aber zum Glück gibt's seit ein paar Jahren die »Oide Wiesn«. Allein die Tatsache, dass beim Betreten des abgesperrten Geländes ein Euro Eintritt verlangt wird, sorgt schon dafür, dass die ganz brutalen Boaznbriada[97] draußen bleiben. Die Gäste aus dem Ausland denken, es handelt sich bei der »Oidn Wiesn« um ein seltsames Fahrgeschäft oder Bierzelt, das zusätzlich Eintritt zu kosten scheint, und meiden es allein schon deswegen. Somit kann man als Münchner, zudem mit Kindern, tatsächlich recht gefahrlos und entspannt auf die »Oide Wiesn« gehen, sich alte Fahrgeschäfte, Kasperltheater und Standl anschauen, und im Bierzelt gibt's nur Blasmusik ohne »Dschinghis Khan«, »Hey Baby« oder den »Fliegersong«.

Ich war einmal mit dem Arno auf der »Oidn Wiesn«, und obwohl er erst recht gemeckert hat, warum wir nicht, Zitat: »zu den anderen ins Käferzelt gehen, wo es lustig wird, weil die Hassloch Starterlaubnis hat«, war er dann so begeistert, dass er gar nicht mehr weg- und am nächsten Tag gleich wieder hinwollte.

Ich hab ihm den Gefallen gern getan, musste ihm aber vorher einbläuen, dass er niemandem sonst von dem eigentlich recht offenen Geheimnis erzählt, dass es da

---

93 Hinabe: Hinab, übertrieben pseudovornehm ausgedrückt.
94 Schbei'm, schbeibm: Sich übergeben
95 Blädgsuffa: Blöd gesoffen
96 Breznsoiza: Brezensalzer, ein Depp, der zu nichts anderem taugt, als halbwegs unfallfrei Brezen zu salzen.
97 Boaznbriada (Pl.), Boaznbruada (Sing.): Aus »die Boazn«, eine kleine Kneipe, die vorrangig für den Alkoholkonsum ausgelegt ist, und »Bruada«, der Bruder. Also Saufbrüder.

einen Ort auf dem Oktoberfest gibt, den man auch nüchtern oder milde angetrunken wunderbar ertragen, wenn nicht gar genießen kann. Er hat mir hoch und heilig versprochen, dass er niemandem ein Sterbenswörtchen sagen wird, und am nächsten Tag waren tatsächlich auch nur drei seiner Arbeitskollegen dabei. »Ich hab's niemandem gesagt, ich schwöre, Herbie! Aber die Fotos auf Facebook hatten eben eine Ortsbezeichnung dabei, und da ist es aufgeflogen.«

◆ ❁ ◆

Also, wenn Sie auch zum Oktoberfest nach München kommen, tun Sie mir einen Gefallen, bleiben Sie bitte in dem lauten, vollgekotzten Teil und lassen Sie uns Münchnern, Bayern und einigen wenigen ausgewählten Sonderpreißn wenigstens diese kleine Enklave des gemütlichen Restgenusses.

Am gleichen Ort ist übrigens vor Weihnachten auch das »Tollwood Festival«, im Sommer findet es auch statt, dann aber im Olympiapark.

Als das Tollwood zum ersten Mal stattgefunden hat, waren wir alle schon arg angetan, das weiß ich noch. Exotisches Essen, kreative Cocktailbars, Hanfburger, Schokodöner, handgemachte Taschen, origineller Schmuck, urige Lederwaren, alles Mögliche aus Holz, und das von vorn bis hinten auch noch komplett ökologisch einwandfrei, abbaubar und natürlich. Dazu Musik von lokalen Acts, jede Menge Bluesrock, alte Klassiker wie Jethro Tull und jedes Jahr zwei neue Musical- oder Varieté-Produktionen.

Jetzt, hundert Jahre nach dem ersten Tollwood, hat sich das alles … haha, jetzt denken Sie, es hätt sich verändert, gell? Hat's aber eben nicht! Und genau das ist das Problem!

Jedes Mal geh ich wieder hin, und jedes Mal denk ich erst, ich bin irgendwo in eine Zeitreiseblase getreten. Das war aber nur die Pfütze, die sich immer direkt am Haupteingang sammelt. Denn es ist tatsächlich jedes Tollwood so brutal ähnlich wie das Tollwood davor und das davor und das davor, dass man einen regelrechten Zeitreiseschwindel bekommt und dauernd Angst hat, sich selber von vor zehn Jahren zu begegnen.

Mei, was zum Deifl man sich dann alles zu sagen hätt! Stellen's sich des amal vor, wenn Sie die Chance hätten, sich selber ein paar Tipps für die nächsten Jahre zu geben ...

»Ich bin's, der Harry aus der Zukunft, Harry! Halt, bleib da, das ist wichtig, ohne Schmarrn: Was immer du dir dabei gedacht hast, mit der Claudi was anzufangen – Zieh! Nicht! Mit! Ihr! Zusammen! Glaub's! Mir! Jetzt halt doch still, damit ich dir gleich noch eine runterhauen kann, sonst merkst du es dir vielleicht nicht! Und wenn du im Winter 2003 direkt nach dem Neuschnee aus der Einfahrt auf die Straß nausgehst, dann Schau! Nach! Links! Weil dich sonst der Depp mit dem Streuwagerl zammfahrt und dir wieder die Schulter rausspringt. Du wirst dann mit der rausgeschnackelten Schulter in dein Auto steigen und damit ins Rechts der Isar fahren, und da wirst du zwei Stunden drauf warten, dass dir der Muhackl[98] von einem Doktor den Arm wieder in die Pfanne neischmettert. Okay? Guad. Sehr gut! ... Ach, und noch was: Wenn du irgendwann einen Isarpreißn namens Arno Brüggemann kennenlernst, dann ... geh ein-

---

98 Muhackl, der: Grober Kerl

fach ... naa, dann ... ach, vergiss es, dann machst du einfach, was du denkst, das passt dann schon. Alles klar? Guad. Aber bitte kauf dir andere Hosen. Pfiade.«

Während Sie also dieses dem Tollwood ureigene Zeitreisegefühl haben und mit einem ach so kreativen Cocktail vor einer der oh so originellen Bars stehen und aus einem der Zelte »Locomotive Breath« von Jethro Tull herüberstampft, wird Sie wieder dieser Schwindel ergreifen ... Sie wollen sofort Ihr Nokia 6210 herausholen und eine SMS an die Claudi in die Nummerntastatur einhacken. Der letzte Streit wird sich anfühlen, als wäre er erst gestern passiert, und Sie wissen auch gleich wieder, wie es nervt, dass die Claudi nie die Zahnbürste in das verdammte Glas reinstellt, und wie wahnsinnig es Sie macht, dass sie sich immer so hektisch die Zähne putzt ... Aber dann schauen Sie einfach auf den großen Wal aus Plastikflaschen, der das einzige Objekt darstellt, was in diesem Jahr tatsächlich neu auf dem Gelände ist ... und alles ist gut, für den Moment.

Gehen Sie ruhig aufs Tollwood Festival, wenn Sie da noch nie waren, und gehen Sie gern auch noch ein zweites Mal hin. Ein dritter Besuch sollte allerdings nur in Begleitung erfolgen, und nehmen Sie besser erst gar kein Geld mit, denn Sie werden sonst wieder eine Ledertasche kaufen, die Sie zu Hause dann zu den anderen Ledertaschen legen und nie wieder mit dem Arsch anschauen. Glauben Sie es mir! Wenn Sie eine Ledertasche brauchen, melden Sie sich – ich hab inzwischen an die dreißig Stück, alle weitestgehend identisch, und sie stinken auch noch alle nagelneu nach bleigegerbtem Giftleder.

Am End

Ich seh schon, das Buch ist bald zu Ende. Ich hab's gestern Abend noch einmal bis hierher gelesen, und dabei ist mir aufgefallen, dass fast alle Frauen hier ganz schlecht wegkommen. Ob's die Hassloch ist, die eben erwähnte Claudi, die Brit, die Sendy oder sonst wer – man könnt fast meinen, ich wär ein Frauenfeind. Aber: Wenn Sie mal durchzählen, wie viele saublöde *männliche* Personen in dem Buch vorkommen – gern dürfen Sie mich dazuzählen –, dann stellen Sie fest, dass es insgesamt recht ausgeglichen ist. Und die Bedienung im Roxy zum Beispiel, die war wirklich nett und ich zu ihr auch. Außerdem bin ich seit Längerem in festen Händen, und das ist die beste, wunderbarste, schönste, rundumadum perfekteste Frau auf dem ganzen Erdenrund. Die kommt nur in diesem Buch nicht vor, weil das erstens fast alles vorher stattgefunden hat und zweitens, weil es hier ja nicht darum ging, dass ich Ihnen was von der besten, wunderbarsten, schönsten und rundumadum perfektesten Frau auf der Welt erzähl, mit der ich zufällig auch noch liiert bin, sondern eben von einer einzigartigen »Liaison« mit diesem ganz speziellen Isarpreißn namens Arno und allem, was sich auf dem Weg noch so beschimpfen ließ.

Also, jetzt haben Sie glatt bis hierher durchgehalten, es ist der Wahnsinn. Könnt natürlich auch sein, dass Sie grad in der Bahnhofsbuchhandlung stehen und den Schluss lesen, ob es wohl gut ausgeht. Hallo, neuer Leser, der du hoffentlich das Buch gleich mitnimmst und fei[99] vorher bezahlst – es geht gut aus, und ich bin gar nicht so, wie man am Anfang meint. Ohne Schmarrn.

Dafür verrat ich Ihnen, die Sie das ganze Buch gelesen haben, jetzt auch noch einen kleinen, feinen Geheimtipp.

Der ist jetzt nicht *so* vollkommen geheim, dass man nur reinkommt, wenn man an der Tür die Bayernhymne klopft und »Schwertfisch« in die kleine Schiebeklappe flüstert, aber zumindest kann man zu dem Geheimtipp einfach mit Bus oder Tram hinfahren, und er heißt Auer Dult[100].

Komischerweise wissen sogar die Profi-Isarpreißn oft nix von der Existenz der Auer Dult, obwohl die mehrmals im Jahr stattfindet und wirklich eine ganz einzigartige Atmosphäre bietet, wie man sie in München selten bis überhaupt nicht mehr findet.

Drei Mal pro Jahr findet dieses feine Festl statt, das immer anders heißt – Maidult, Jakobidult und Kirch-

---

99 Fei: Hierfür gibt es keine direkte Übersetzung, dieses Wort verwendet man, um etwas Nachdruck zu verleihen, in etwa wie »wirklich«. »Des geht fei ned« hieße dann in etwa »das geht wirklich nicht«, wobei der Bayer eben auch gern sagt: »Des geht fei wiaggli ned«, also das »fei« auch verwendet, um einem »wirklich« noch einmal wirklich Nachdruck zu verleihen, fei!

100 Dult, die: Eine Art Jahrmarkt, Kirchweihfest oder zu Ehren eines Heiligen, zumeist rund um eine Kirche mit Ständen, Fahrgeschäften etc.

weihdult –, und es ist immer am gleichen Ort: auf dem Mariahilfplatz in der Au.

Das Besondere an der Auer Dult ist für mich nicht unbedingt das kleine Volksfest, obwohl das mit altem Riesenrad, Schiffschaukel, Flozirkus, Kasperltheater, Hoffotograf und Dampforgel auch wirklich nett ist. Es sind eher die vielen Standl, wo zumindest ich mich stundenlang verlieren kann: Antiquitäten, Sammlerstücke, Schellackplatten plus Grammofone, Schmuck, Tafelsilber, oids Glump[101], Hosenträger und ein riesiger Geschirrmarkt. Ganz am Ende – oder am Anfang, je nachdem, von wo man kommt – findet man dann noch die »Neuheitengasse«, in der einem die »neuste Innovation im Bereich der Bürstentechnik« ebenso angeboten wird wie »die Bratpfanne mit Technologie aus der Raumfahrt« oder der »Wischmop, der alle anderen ihrer Wischmops ersetzt«. Bei dem bin ich tatsächlich mal länger stehen geblieben, weil ich unbedingt wissen wollte, wozu man generell mehr als einen Wischmop daheim stehen haben könnte. Im Vortrag war keine Erklärung enthalten, weswegen ich den aufgeregten Präsentator mit dem obligatorischen Oberlippenbart gefragt hab: »Sie, ich hab nur einen einzigen Wischmop, warum sollte man mehrere haben?« Seine Antwort war eine Gegenfrage: »Haben Sie diesen?«

»Nein.«

»Dann haben Sie den falschen.«

Was soll man da drauf sagen außer: »Okay, ich nehm einen.«

Dass er mir meine Frage gar nicht beantwortet hat, hab ich erst bemerkt, als ebendiese Frage für mich obso-

---

101 Oids Glump: Altes Gelumpe, Zeug

let geworden war. Denn nun hab ich tatsächlich zwei Wischmops ...

Also, wenn Sie mal in München sind, oder wenn Sie nach München gezogen sind, dann kommen Sie doch mal auf die Auer Dult. Wenn Sie es unter der Woch schaffen, dann ist die Wahrscheinlichkeit gar nicht so gering, dass wir uns da über den Weg laufen.

Vielleicht hab ich auch meinen Freund den Arno dabei, und er kann Ihnen die ganzen Geschichten alle noch einmal aus seiner Perspektive erzählen. Allerdings geb ich zu bedenken, dass sie von ihm nicht nur ein bissl anders, sondern vor allem viel länger und viel, viel, viel lauter dargebracht werden. Also sind Sie vielleicht ganz gut damit beraten, ihn nicht danach zu fragen.

Und wenn wir uns da sehen und Sie mich nach alldem, was Sie jetzt über mich gelesen haben, immer noch grüßen und nicht mit einem Maßkrug bewerfen wollen ... ja, dann könnten wir vielleicht sogar ein bis fünf Maß zusammen trinken ... und dann könnt's sogar sein, dass wir wieder beim »Du« landen.

Der Arno würd sich sicher freuen. Aber der freut sich über alles. So isser halt, mein Isarpreiß.

◆ ❀ ◆

Wo liegt Bayern?

*Cover- und Preisänderungen vorbehalten

Bruno Jonas

**Gebrauchs-
anweisung
für Bayern**

Piper Taschenbuch, 192 Seiten
€ 15,00 [D], € 15,50 [A]*
ISBN 978-3-492-27500-2

Franken, Schwaben, Oberpfälzer, Allgäuer, Bayern, Zuge-
reiste: Was hat es mit dem Vielvölkerstaat Bayern, belieb-
testes Urlaubsland der Deutschen, auf sich? Stimmt es, dass
die Lieblingsbeschäftigungen hier Fingerhakeln, Schuhplat-
teln und – Granteln sind? Bruno Jonas, scharfzüngiger Kaba-
rettist und Niederbayer, legt seine besondere Beziehung zum
Land der Zwiebeltürme und Schweinshax'n, der glitzernden
Seen und saftig grünen Buckelwiesen, der Barockklöster und
Biergärten dar.

PIPER

Leseproben, E-Books und mehr unter **www.piper.de**

»Bastian, gehen E-Mails auch am Wochenende?«

Bastian Bielendorfer
Mutter ruft an
Mein Anschiss unter
dieser Nummer

Piper Taschenbuch, 320 Seiten
€ 9,99 [D], € 10,30 [A]*
ISBN 978-3-492-30068-1

Jedes Mal, wenn das Telefon klingelt, wird es für Bastian ernst, denn Mutter ruft an! Ob sie nun will, dass er im Fernsehen den Bauch einzieht, ihr dieses blöde »Wellness-LAN« installiert, oder ihm sagt, dass er endlich mal erwachsen werden soll, Opa sei in seinem Alter schon zweimal verwundet gewesen. »Mutter ruft an« erzählt davon, wie es ist, wenn die Nabelschnur eins zu eins durch das Telefonkabel ersetzt wird – und warum es auch Vorteile hat, wenn man wenigstens für einen Menschen immer Kind bleiben darf.

PIPER

Leseproben, E-Books und mehr unter www.piper.de

»Man kann Menschen nicht vertrauen, die so schlecht kochen.«

Jacques Chirac

Hier reinlesen!

Christian Schulte-Loh
Zum Lachen auf die Insel
Als deutscher Komiker in England

Piper Taschenbuch, 240 Seiten
€ 10,00 [D], € 10,30 [A]*
ISBN 978-3-492-31029-1

Wie bleibt man gelassen, wenn man zum hundertsten Mal freundlich mit »Heil Hitler!« begrüßt wird? Christian Schulte-Loh ist seit Jahren als deutscher Komiker in England erfolgreich und berichtet von seinen Auftritten vor volltrunkenen britischen Hafenarbeitern oder steinreichen Lords. Eine längst überfällige Hommage an die deutsch-britische Freundschaft.

PIPER

Leseproben, E-Books und mehr unter www.piper.de